親が認知症!?
離れて暮らす親の介護・見守り・お金のこと

工藤広伸

SE
SHOEISHA

はじめに

認知症介護を始める前に読んでおくべき本を作りたかった

もし、離れて暮らす親が、認知症になってしまったら……。

厚生労働省の調査では、介護が必要となる主な原因は、「脳卒中」や「高齢による衰弱」が上位を占めていましたが、２０１６年に「認知症」が初めて１位になりました。

親と同居していても認知症介護は大変なのに、離れて暮らす親が認知症になってしまったら、自分の生活を投げ売って、ふるさとへ帰らなければならないと考える方もいるでしょう。また、介護施設を探して入居させよう、自分の家に呼び寄せようと考えるかもしれません。

一方で、認知症になった親は、どんな気持ちでいるのでしょうか？　きっとご家族以上に、不安な気持ちを抱えているかもしれません。そんな親の様子や気持ちを理解しようにも、なかなか会う機会がないために、子どもたちも同じように不安な気持ちを抱える日々が続きます。

わたしは２０１２年から、岩手県に住む認知症の母の介護を東京から通いで行っており、８年目に突入しました。同時期に、認知症の祖母と、末期がんの父を東京から通いで介護しました。

わたしの遠距離介護の話を聞いた方からは、「なぜ、実家に帰ってお母さんの介護をしないの？」「認知症なのに、ひとりにしておいて大丈夫？」とよく言われますが、東京への呼び寄せや実家へ帰っての介護などを検討した結果、あえて同居せずに、離れて認知症介護をする道を選びました。

ご自身と親の生活を考える前にやるべきことは、認知症への理解です。認知症を知らないまま、親が何もできなくなるからと、介護施設を探したり、近くに呼び寄せたりする前に、最低限の認知症の知識や情報を知ることがとても大切です。

本書では、離れて暮らす認知症の親を介護するためにやるべきことを、時系列にまとめました。もし、同居せずに離れたまま認知症の親を介護できるのなら、あるいは1日でも長く、親が自立した生活を送ってくれるのなら、今のご自身の生活環境を変えずに済むかもしれません。また、親と同居して介護するより、介護ストレスを感じずに済むかもしれません。

離れて暮らすという言葉から、飛行機や新幹線を使った長距離移動を想像されるかもしれませんが、同じ市内で別の家に住む親の見守りや、車で2時間離れたところに住む親の介護も想定しています。移動時間が5分でも、親子が物理的に離れていることに変わりはありません。

また、親の認知症が進行し、自分で判断できなくなる前に、先のことまで考えたほうがいいという思いから、看取りや看取ったあとについても触れています。

読者の皆さまの選択肢が、少しでも増えることを期待しています。

2020年6月

工藤広伸

2章 介護の始まり、まず知っておきたいこと

3章 離れて暮らす親と気持ちよく過ごすための心得

4章 離れて暮らす親の介護の「お金」のこと

5章 離れた親を見守る「認知症介護」ツール

6章 亡くなる前と後にやるべきこと

巻末資料 必要なときに確認したい便利な資料

本書内容に関するお問い合わせについて

このたびは翔泳社の書籍をお買い上げいただき、誠にありがとうございます。弊社では、読者の皆様からのお問い合わせに適切に対応させていただくため、以下のガイドラインへのご協力をお願い致しております。下記項目をお読みいただき、手順に従ってお問い合わせください。

●ご質問される前に

弊社Webサイトの「正誤表」をご参照ください。これまでに判明した正誤や追加情報を掲載しています。

正誤表　　https://www.shoeisha.co.jp/book/errata/

●ご質問方法

弊社Webサイトの「刊行物Q&A」をご利用ください。

刊行物Q&A　　https://www.shoeisha.co.jp/book/qa/

インターネットをご利用でない場合は、FAX または郵便にて、下記"愛読者サービスセンター"までお問い合わせください。
電話でのご質問は、お受けしておりません。

●回答について

回答は、ご質問いただいた手段によってご返事申し上げます。ご質問の内容によっては、回答に数日ないしはそれ以上の期間を要する場合があります。

●ご質問に際してのご注意

本書の対象を越えるもの、記述個所を特定されないもの、また読者固有の環境に起因するご質問等にはお答えできませんので、あらかじめご了承ください。

●郵便物送付先およびFAX番号

送付先住所　〒160-0006　東京都新宿区舟町5
FAX番号　03-5362-3818
宛先　（株）翔泳社 愛読者サービスセンター

●免責事項

※本書の内容は2020年5月現在の法令等に基づいて記載しています。
※本書に記載されたURL等は予告なく変更される場合があります。
※本書の出版にあたっては正確な記述に努めましたが、著者および出版社のいずれも、本書の内容に対してなんらかの保証をするものではなく、内容やサンプルに基づくいかなる運用結果に関してもいっさいの責任を負いません。
※本書に記載されている会社名、製品名は、一般に各企業の商標または登録商標です。

1章

親の様子がおかしいな？と思ったら

認知症の予兆

1 認知症？と感じたら生活環境から探ろう

親の言動より生活環境から認知症を探る

親が同じことを何度も言う、趣味嗜好が急に変わるなどの代表的な認知症のサインは、子の**短期間の滞在中には現れない**ことがあります。たまにしか会わない子やその家族を、親は客人のように考え、緊張感からしっかり応対してしまい、いつもなら出るはずの認知症のサインが現れないことがあるのです。

親の言動を探るよりも先に、生活環境から認知症のサインを探ってみてください。生活環境には、それまでの親の生活歴が反映されているので、言葉や態度で取り繕うことができません。

例えば、実家に帰ったら冷蔵庫を開けて、食料品の消費期限をチェックしてみましょう。消費期限のだいぶ過ぎた食べ物や腐った野菜が残ったままなら、日付を理解していないかもしれません。また、同じ食材が家中にいくつも点在していることもあります。

認知症のサインを見つけても指摘しない

久々に会った親の生活環境に異変を感じたら、最初は指摘せずに、子が自分の考える正常な状態に整えてみましょう。しばらくして実家に帰ったとき、左上表で挙げたような状況が目についたら、今度こそ認知症のサインかもしれません。

多くは、「**あのとき、そういえば変だった**」と、あとになってから親の異変に気づくものです。親も取り繕いますし、子も年相応の老いと考えがちです。そうならないためにも、日頃から意識して、親の生活環境の変化に目を光らせておきましょう。この段階では、親は自分が認知症とは思っていませんし、**正面から指摘してもケンカになる**だけです。

短い滞在でも見つけられる認知症のサインの例

- □ 冷蔵庫に消費期限切れの食材がある
- □ 食器棚の食器が乱雑である。食器の洗い忘れがある
- □ 料理の味、料理に入れる食材が変わった
- □ いつも飲んでいる薬の飲み忘れがたくさんある
- □ 部屋のカレンダーが数か月前のままである
- □ いつも用意するお年玉・おこづかいを渡さない
- □ お財布の小銭入れがパンパンである
- □ 払い忘れている請求書や督促状がある
- □ ゴミの分別ができていない。収集日に廃棄しない
- □ 車や車庫にぶつけたような傷がある

もの忘れ外来を受診する前に準備すること

- □ 親の様子がおかしいのはいつ頃からだったかを書き留めておく
- □ いつ頃、どんな認知症のサインがあったかをまとめておく
- □ 今までに大きな病気をしているか確認する
- □ 治療中の病気を確認しておく
- □ お薬手帳を持参し、現在飲んでいる薬を確認する
- □ 家族として困っていることを書き留めておく
- □ 介護保険の申請をしているか確認する

親の訴えだけでは、医師は正確な判断を下せないこともあります。気づいたことは医師が読みやすいよう、A4 1枚程度のメモにまとめておくとよいです。

ポイント

親が暮らしている生活環境から、認知症の兆候をチェックしましょう。

2 親の異変を感じたら、1日単位で様子を確認しよう

認知症の症状は短時間で判断できない

認知症の症状は、**1日の中で大きく変化**します。短時間の滞在で親の元気な顔を見て安心し、しばらくして家に帰ったら、認知症が進行していて驚いたという話もあります。認知症を早期で発見できれば、進行を遅らせたり、長く親らしく暮らすことができたり、または介護の態勢を整え、親と自分の将来について考えたりする時間が生まれます。できれば、親の家に泊まって、朝から夜中まで、１日の変化を見てください。

例えば、夕方になると自分の家にいるのに家に帰りたいと言ったり、ソワソワしたり、家を出てひとり歩き（徘徊）を始める**夕暮れ症候群**という症状があります。また、夜でも眠らない、急に活動的になる、暗闇を不安がる、大声で寝言を言う人もいます。

できれば数日滞在して症状を見極めたい

可能なら１週間程度、親と一緒に過ごしてみるといいでしょう。親が、曜日単位で決まっている家事やイベントを、きちんとこなしているか確認できます。例えば、曜日ごとに違うゴミの収集ルールに親はきちんと対応できているか、毎週ある地域のサークル活動に参加できているかなど、各曜日で決まった予定を忘れていないかチェックしてみましょう。

また親と同居する家族から認知症の症状を訴えられても、目の前にいる親が元気なので、信じようとしないというケースもあります。この場合も、親と１日ではなく、１週間生活してみると、同居する家族の訴えが正しいと理解できるかもしれません。

親の認知症の症状をしっかり見極めるためにも、**数日単位で生活を共にする機会をつくりましょう。**

認知症の症状例　1日の流れ

夜中
- 昼夜逆転
- 不眠
- 夢と現実の違いが分からない
- 大きく手足が動く
- 大声で寝言を言う

↓

朝
- 朝か夜か判断できない
- ぼんやりする
- 薬の飲み忘れ

↓

昼
- 薬の飲み忘れ
- 昼寝後に自分の居場所が分からなくなる
- ずっと寝ている

↓

夕方・夜
- 夕暮れ症候群
- 薬の飲み忘れ

親の1週間のスケジュールを把握する

	日	月	火	水	木	金	土
午前			燃える ゴミ ×		燃えない ゴミ ○	燃える ゴミ ○	
午後		脳いきいき 教室 ○					町内 サークル ×

親が曜日ごとのスケジュールをこなしているかを、○×でチェック。できていない場合は、介護保険サービス等でカバーしてもらうことを検討しましょう。

ポイント

親の生活スタイルを確認するためにも、1週間程度の滞在は有効です。曜日ごとの家事やイベントを確かめましょう。

3 まだ認知症予備軍の段階かもしれない

認知症予備軍から健常な状態になることも

認知症と診断される前に、**MCI（軽度認知障害）**と呼ばれる段階があります。認知症予備軍とも言われ、認知症ではないけれども、同世代の人と比べてもの忘れの程度が強くなります。厚生労働省の推計では、ＭＣＩの方は全国に約４００万人いると言われ、認知症の方の約４６２万人とほぼ同数です。ＭＣＩになったからといって、すべての人が認知症に移行するのではなく、**46％の人は健常な状態に戻る**というデータもあります。そのため、ＭＣＩの段階で見つけることができれば、認知症の発症を食い止めたり進行を遅らせたりすることができます。

とはいえ、残念ながらＭＣＩの治療法は確立されていないので、薬の処方ではなく、生活習慣や運動、食事の改善などに努めるしかないのが現状です。

MCIテストを受けてもらうための工夫をする

認知症とＭＣＩの違いは、**親が自立した生活を送れるかどうか**で判断されますが、左表にある**MCIテスト**を受けてもらうといいでしょう。電話によるテストや微量の血液検査などの方法がありますが、いずれも保険適用外となります。

この段階で親は、自分がＭＣＩだと思っていないことが多いです。また、親と離れていると、会う機会も少ないので、何年にもわたって、テストが受けられない可能性もあります。親を心配する気持ちを伝えたり、親が信頼している人から声をかけてもらったりして、親の自尊心を傷つけないよう工夫をして、テストを受けてもらいましょう。親が早めにＭＣＩを理解すれば、運動や食事の改善に意欲的に努めてくれるかもしれません。

MCI 4つの特徴

1	他の同年代の人に比べて、もの忘れの程度が強い
2	もの忘れが多いという自覚がある
3	日常生活にはそれほど大きな支障はきたしていない
4	もの忘れがなくても、認知機能の障害（失語・失認・失行・実行機能の障害）が1つある 【失語】言葉の障害（言葉が理解できない、言おうとした言葉を言うことができないなど） 【失認】対象を正しく認識できない（知り合いの顔、色、大小などを認識できないなど） 【失行】くわえたタバコにライターの火をつけられない、服を着ることができないなど 【実行機能の障害】計画を立ててその計画通りに実行していくなどができない

出典：厚生労働省ホームページ「みんなのメンタルヘルス」より著者作成

MCIテストの種類

種類	内容	相談・実施場所	価格（税込）
電話・対面テスト	10分間の対話式テスト	・医療機関 ・自治体 ・企業 ・生命保険等の付帯サービス ・個人で受験	無料～約4,000円
MCIスクリーニング検査	少量の採血による血液検査	医療機関	約2万円～

ポイント

MCIになっても健常な状態に戻る方や、状態を維持したまま自立した生活を送る方もいます。

認知症の種類

4 認知症の種類を理解し、混合型にも注意しよう

認知症の種類と変化

認知症は数多くの種類がありますが、**アルツハイマー型認知症、レビー小体型認知症、前頭側頭型認知症、脳血管性認知症**の４つが代表的です。

最も割合が多いと言われるアルツハイマー型認知症ですが、医学博士の長尾和宏氏は、何でもアルツハイマーと誤診する医師もいるため、注意が必要だと述べています。脳神経外科医の平川亘氏は、特に**80歳以上の高齢者は、複数の認知症が混合する可能性がある**と述べています。一度、アルツハイマー型認知症と診断されたからといって、一生同じ病型が続くとは限らず、状態は常に変化します。

画像診断よりも大切な症状

平川氏は、ＣＴやＭＲＩなどの画像診断よりも、**患者さんの症状はもっと大切だ**と述べています。

家族は親の家での様子や異変を、しっかり医師に伝える必要があります。家では見られる認知症の症状も、医師の前では現れないことはよくあるので、病院を受診する前に、親と過ごしたり、ご近所や介護職の方から、親の最近の様子を聞いたりしてから、医師の診察を受けましょう。家での様子は、日頃からメモを取っておき、親の前で医師に伝えづらい場合は、そのメモを渡すといいでしょう。

認知症は、薬の服用で進行を遅らせたり、一時的に症状が改善したりしますが、**基本は根治しません。**それでも、治療によって進行を遅らせ、時間を稼ぐことで、家族が認知症を理解するようになり、介護に余裕が生まれるようになります。

突発性正常圧水頭症や慢性硬膜下血腫などは、病気を治療することで、認知症が治る場合もあります。

4大認知症の代表的な症状

アルツハイマー型認知症	レビー小体型認知症
・記憶障害 ・振り向き現象（質問の意図がわからないと、すぐ家族のほうを向く） ・言いわけ、取り繕い	・虚弱（見るからに弱々しい） ・体幹の傾き ・歩行障害（パーキンソン様の運動障害）、筋強剛（固縮） ・幻視　・夜中の大声、寝言 ・うつ症状　・失神の既往 ・薬剤過敏症

前頭側頭型認知症（ピック病）	脳血管性認知症
・易怒性、興奮、暴言 ・万引きなどの盗癖 ・横柄、傲慢、自分勝手な言動 ・常同行動（同じ行動を繰り返す） ・治療拒否 ・生活上のだらしなさ ・甘いものを極度に好む、過食、異食 ・普通の話が通じない	・まだらな症状（症状の波が激しい） ・やる気の喪失・陰気 ・感情失禁 ・夜間徘徊 ・昼夜逆転

出典：平川亘『明日から役立つ認知症のかんたん診断と治療』（日本医事新報社、2017年）より著者作成

高齢者の認知症は混合型が多い

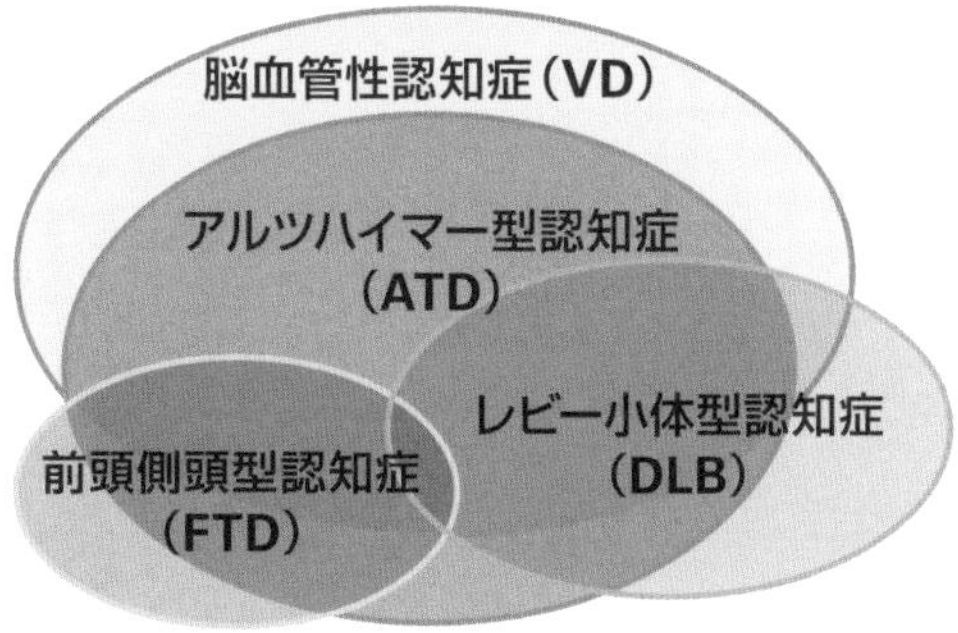

認知症が2つ、3つ、4つと混合（円の重なり）していることもあります。

出典：平川亘『明日から役立つ認知症のかんたん診断と治療』（日本医事新報社、2017年）

ポイント

認知症の状態は、後から変化する可能性があります。一度診断された病型のまま変わらないというわけではないので注意が必要です。

5 認知症の代表的な症状と家族が困ること

中核症状と行動・心理症状（ＢＰＳＤ）

認知症の症状は、「**中核症状**」と「**行動・心理症状（ＢＰＳＤ）**」の組み合わせで出現します。中核症状とは脳の神経細胞の破壊から起こる症状で、最近の記憶から忘れていく記憶障害や、今がいつか（時間）、ここはどこか（場所）、この人は誰か（人物）が分からなくなる見当識障害などがあります。

中核症状の二次的な症状として、行動・心理症状があります。行動症状には、些細なことですぐ怒り出す易怒性や、介護者を悩ませる暴言・暴力があり、心理症状には、自分で片づけた場所を忘れ、家族が盗んだと勘違いする物取られ妄想や、いないはずの子どもや虫が見える幻覚などがあります。

家族は、**中核症状よりも、ＢＰＳＤによって介護負担が大きくなります**。そのため、医師も中核症状ではなく、ＢＰＳＤをどうコントロールするかに注力した治療を行います。ＢＰＳＤは、親の元々の性格や人間関係、生活環境なども関係するため、症状は人それぞれです。

親のＢＰＳＤを改善する

19ページで紹介したように、４大認知症ごとに現れる症状に特徴があります。

親が元々どういう性格で、どういう人生を歩んできたのかを、一番理解しているのは家族です。そのため、医師や介護職には分からない、ＢＰＳＤの原因や背景を推測できることもあります。

認知症自体は根治できなくとも、ＢＰＳＤは家族が親との接し方を工夫したり、親が生活しやすい環境に整えたりすることで、症状が改善される場合もあります。

認知症の中核症状と行動・心理症状(BPSD)

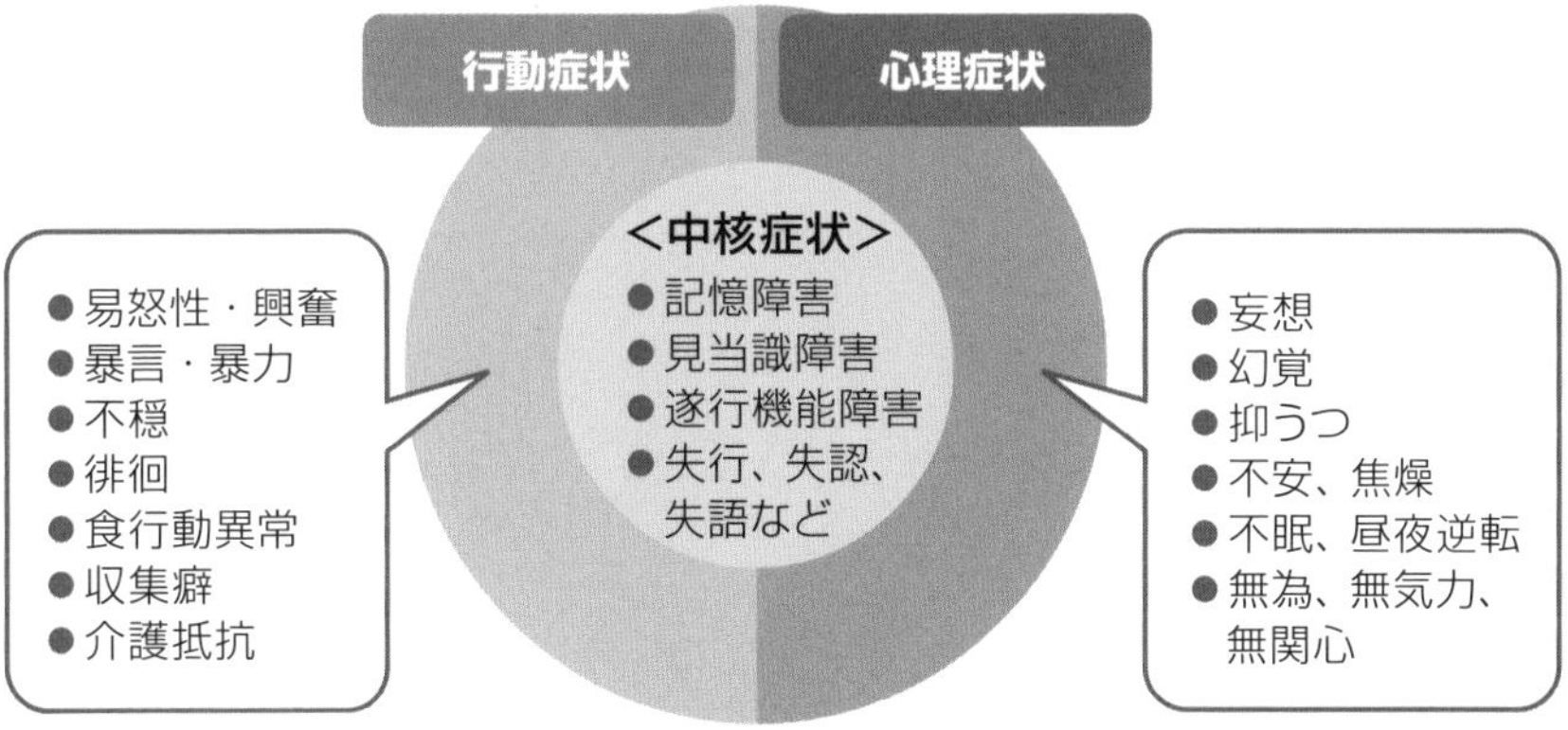

出典:平川亘『明日から役立つ認知症のかんたん診断と治療』(日本医事新報社、2017年)より著者作成

認知症の代表的な症状と家族が困ること

【暴言・暴力】
→ 急に怒りっぽくなり、家族との関係が悪化する

【ひとり歩き(徘徊)】
→ 外出目的を忘れ、自分の居場所が分からなくなるため、結果的に行方不明になる

【妄想】
→ 実際に起きていないことを言い、家族が否定しても受け入れない

【幻覚】
→ 実際にはないものが見えたり、聞こえたりするため、家族は否定するが、親にはしっかり見えている

【無気力】
→ やる気が起きず、食欲もないが、家族は元気な頃を知っているので、落ち込む

ポイント

親の元々の性格や生活環境、子の不適切なケアなどがBPSDに影響します。

介護者の心情

6 家族が必ずたどる認知症介護4つの心理的ステップ

認知症介護をする家族は、必ずこの4つの心理的なステップをたどります。おさえておきましょう。

第1ステップ「とまどい・否定」

しっかりしていた親の言動が変わり、今までできていたことができなくなった姿に、子は「**とまどい**」ます。そして、親の認知症を受け入れられずに、「**否定**」します。認知症について、誰にも相談できず、ひとりで悩む時期です。

第2ステップ「混乱・怒り・拒絶」

認知症の親の言動にとまどい、否定したところで、何も変わりません。意味が分からず、どう対応していいか「**混乱**」します。家族はそれでも頑張って介護を続けるのですが、何を言っても通じない親に対し「**怒り**」、声を荒げてしまいます。ついには、家族は精神的・肉体的に追い込まれ、「こんな親、いなくなってしまえばいい」と考え、介護を「**拒絶**」します。認知症の知識もなく、介護保険サービスの利用も考えられない、自分の常識の中だけで親を介護し、ついには限界を迎えます。

第3ステップ「割り切り・あきらめ」

懸命な努力もムダなことだと分かり、次第に「**割り切ったり、あきらめたり**」するステップが訪れます。ようやく、認知症への理解や介護保険サービスの利用が見えてくるようになります。

第4ステップ「受容」

認知症への理解が深まり、親をようやく受け入れられる（＝「**受容**」）ようになります。親のプラス面まで、観察できる余裕が生まれます。

認知症介護4つの心理的ステップ※

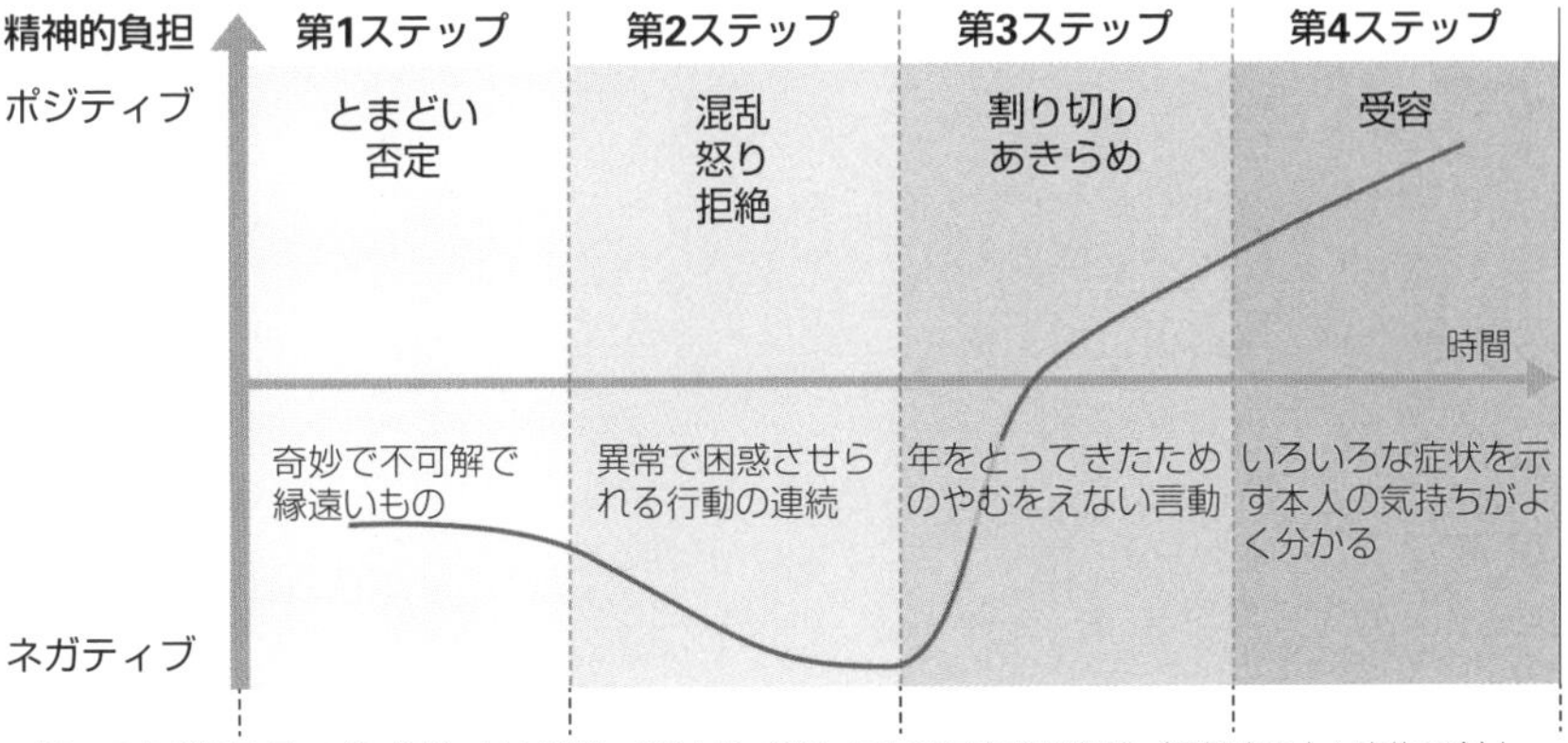

※「4つの心理的ステップ」参考：杉山孝博、「杉山Drの知っていますか？認知症（認知症の人と家族の会）」
http://www.alzheimer.or.jp/?p=3420

第3・第4ステップになかなか進めない理由

1	認知症に対する知識が不足しているため、親の言動を理解してあげられない
2	認知症介護のノウハウが不足しているため、対処方法が分からない
3	認知症の親がどれだけ不安な気持ちでいるかを理解してあげられない
4	認知症介護をしている仲間がおらず、孤立している
5	子の常識をそのまま親に当てはめて介護している
6	介護保険サービスを利用していない
7	親の認知症を受け入れるまでにはある程度の時間がかかるが、その時間が十分でない
8	離れた親と接する時間が短いため、認知症介護中に経験する葛藤や苦悩の時間が十分でない

ポイント

第1ステップと第2ステップを何年も行き来して疲弊する介護者は多いので、先のステップへ進むことを意識しましょう。

当事者の心情

7 ネガティブな認知症の情報につぶされないために

一番不安に感じているのは親自身

皆さんは認知症に対して、どのようなイメージをお持ちですか？　認知症になった親は何もできなくなる、住み慣れた自宅での暮らしはあきらめ、精神科病院や介護施設で生活してもらうしかないと考える方も中にはいます。

認知症と診断され、大きな不安を抱えているのは、子よりもむしろ親自身です。自分の人生に絶望し、自暴自棄になっているかもしれません。また、誰にも相談できず、孤独や不安を抱え、何も手につかない状況かもしれません。そんなときに親子で読んで欲しい、ある宣言があります。

認知症とともに生きる希望宣言

認知症当事者の団体「日本認知症本人ワーキンググループ（ＪＤＷＧ）」が発表した『**認知症とともに生きる希望宣言**』をご存知ですか？　すでに認知症と診断された当事者の皆さんから、すべての人々に向けたメッセージです。

認知症になっても自分の人生をあきらめず、新しいことにチャレンジし、よりよい人生を生きていこうとする、認知症当事者の気持ちが分かります。それなのに、介護する側が親の人生を勝手にあきらめたり、チャレンジする機会を奪ったり、自立を妨げたりしてしまうことがあります。

認知症介護を始めるうえで、まずは**ネガティブに偏った認知症の情報から脱却**して、冷静に親の自立への可能性を模索しましょう。認知症に対する正しい知識や情報を集めることで、親が元気で自立していられる期間を長くすることができますし、親の不安を解消できるかもしれません。

認知症とともに生きる希望宣言　一足先に認知症になった私たちからすべての人たちへ

1　**自分自身がとらわれている常識の殻を破り、前を向いて生きていきます。**

「認知症になったらおしまい」では決してなく、よりよく生きていける可能性を私たちは無数にもっています。

2　**自分の力を活かして、大切にしたい暮らしを続け、社会の一員として、楽しみながらチャレンジしていきます。**

・できなくなったことよりできること、やりたいことを大切にしていきます。
・新しいことを覚えたり、初めてのこともやってみます。
・行きたいところに出かけ、自然やまちの中で心豊かに暮らしていきます。

3　**私たち本人同士が、出会い、つながり、生きる力をわき立たせ、元気に暮らしていきます。**

・落ち込むこともありますが、仲間に会って勇気と自信を蘇らせます。
・仲間と本音で語り合い、知恵を出し合い、暮らしの工夫を続けていきます。

4　**自分の思いや希望を伝えながら、味方になってくれる人たちを、身近なまちで見つけ、一緒に歩んでいきます。**

仲間や味方とともに私が前向きに元気になることで、家族の心配や負担を小さくし、お互いの生活を守りながらよりよく暮らしていきます。

5　**認知症とともに生きている体験や工夫を活かし、暮らしやすいわがまちを一緒につくっていきます。**

認知症とともに暮らしているからこそ気づけたことや日々工夫していることを、他の人や社会に役立ててもらうために、伝えていきます。

出典：「認知症とともに生きる希望宣言」（http://www.jdwg.org/statement/）（一般社団法人日本認知症本人ワーキンググループ）より抜粋

ポイント

認知症の親の不安と介護する子どもの不安を解消するために、認知症の正しい知識や情報を集めることから始めましょう。

老老介護・認認介護

8 親自身が介護している場合、子は何をすべきか？

「老老介護」「認認介護」の問題点

　厚生労働省の「国民生活基礎調査」(平成28年度)によると、65歳以上の高齢者同士で介護を行う**老老介護**の世帯の割合は、54・7%です。老老介護の問題点として、介護者の筋力低下が原因で、思うように身体介助ができない、介護者自身にも健康上の問題があり、共倒れのリスクがある、無職で収入がない、社会から孤立していることなどがあります。また、老老介護の中に、認知症の高齢者が認知症の高齢者を介護する**認認介護**もあります。山口県のデータでは、老老介護のうち、認認介護の割合は10・4%でした。認認介護の問題点として、薬の飲み忘れ、食事の準備や金銭管理の困難、火事のリスクなどがあります。

　離れて暮らす高齢の親を、同じく高齢のもう片方の親や親のきょうだいが介護していたり、高齢の親がさらに上の世代の、自分の親を介護していたりするケースもあります。

　親から連絡がないと、元気にやっていると思いがちですが、子どもに迷惑をかけたくないから、連絡しないだけかもしれません。老老介護や認認介護が深刻になる前に、親の様子をチェックしておきましょう。両親の共倒れから、子が急に介護することになり、介護離職する人もいます。

子は頭を使って親を支える

　親の介護の状況を知って、子は自分で介護をしようと考えがちですが、親が利用していない**サービスや制度の調査**から、まずは始めてみましょう。親より子のほうが、情報収集能力に長けています。親の介護を、**知恵や工夫で支えてあげる**のも立派な介護です。

老老介護に占める認知症介護

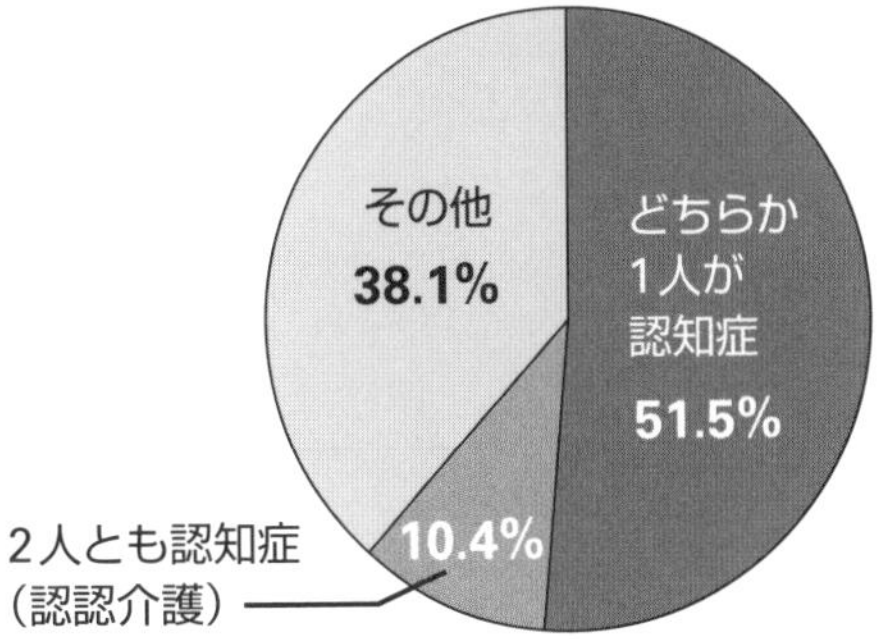

老老介護10世帯のうち、1世帯は認認介護をしています。

出典：岩本晋・堀内隆治・斎藤美麿「在宅介護における認認介護の出現率　組合員2万人及び介護事業所507ヶ所調査結果」（http://www.jichiro.gr.jp/jichiken_kako/report/rep_aichi33/05/0519_ron/index.htm）（2010年）より作成

老老介護・認認介護の問題点

老老介護	・介護する側、される側ともに体力が低下する ・介護疲れしやすく、介護の限界を迎えやすい ・第三者を家に入れたくないという思いから、孤独な介護へ ・収入源が年金のみで、経済的に困窮する ・社会から孤立し、地域との交流がなくなる
認認介護	・訪問販売・特殊詐欺被害にあいやすい ・服薬管理が難しくなる ・金銭管理ができなくなる ・介護保険サービスにたどりつけない ・感情が抑えられず、虐待や心中のリスクも ・火の不始末が起こりやすい ・食事の準備を忘れ、低栄養状態になる

ポイント

老老介護・認認介護が深刻になる前に、子のほうから連絡して様子を探りましょう。

連絡網の作成

9 いざというときに頼れる人をリストアップしよう

子である自分が頼れる人をリストアップ

65歳以上の親と子の居住地がどれくらい離れているかを調査した、第8回人口移動調査（2016年度）によると、**親子が別に暮らしている割合は55・1%**でした。このことからも、離れて暮らす親を介護する割合は多く、いずれ子が親の介護のために通ったり、ふるさとに帰ったり、親を子の近くに呼び寄せたりという選択を迫られる可能性があります。そうなる前に、いざというときに頼れる人をリストアップしておきましょう。

確実な対応・認知症への理解があるかで選ぶ

リストアップのポイントは、**確実性**と**認知症への理解度**です。確実性は、親の様子を見て欲しいと依頼したとき、確実に対応してくれるかどうか、認知症への理解度は、認知症への正しい知識を持ち、症状への対処法を理解しているかを指します。

まずは介護保険サービスを利用して、決まった日時に訪問看護師、ヘルパーといったプロの目で見守る体制から構築しましょう。それ以外で緊急対応が必要な場合は、家族の要望に確実に応えてくれて、認知症への理解度の高い人から、優先的に依頼しましょう。親の近くにいるご近所さんは頼りになると思いがちですが、認知症への理解がない場合もあります。

最後に、自分自身をリストに加えてください。認知症介護において、家族にしか分からない、判断できない場面は必ずあります。いつでも自分が駆けつけられるよう、自分の働き方を見直し、自分の時間に柔軟性を持たせるようにしておくことも大切です。また、家族などの理解も得ておきましょう。

いざというときに頼れる人リストの作成例

		確実性	認知症への理解度	優先順位
専門職・サポート職	介護保険サービス（ケアマネジャー、ヘルパーなど）	◎	◎	1
	地域包括支援センター	◎	◎	1
	医療サービス（在宅医療、訪問看護師、訪問薬剤師）	◎	◎	3
	民生委員	△	△	4
	シルバー人材センター	△	△	5
	ボランティア	△	△	6
民間・一般	親族・親戚	○	△	1
	親の友人・知人	△	×	2
	子の友人・知人	△	×	3
	ご近所さん	△	×	4
	地域サークル	△	×	5
	見守りサービス	◎	△	6
	宅配弁当サービス	◎	△	7
	自分自身	△	◎	-

- 有料サービスは契約に基づくため確実です。無償サービスはうまく機能しないこともあります
- 認知症への理解があれば、接し方や対応は安心できますが、偏見がある場合はうまくいきません
- 認知症の知識が不足しているプロ、認知症をよく知る一般人など、認知症への理解度は個人差があります

ポイント

親に何かあったときには、認知症への理解があって、確実に来てもらえる人から声をかけましょう。

介護休業制度

10 介護で会社を休むための休暇とその使い方

介護休業・介護休暇の違いを理解しよう

親の介護が理由で会社を休む場合、**育児・介護休業法**で定められている**介護休業・介護休暇**を取得できます。**介護が始まる前に、就業規則を確認しておく**と安心です。事業主は介護と仕事の両立ができるよう、柔軟に判断することが望ましいとされていて、医師の診断書を提出しなくとも、負傷、疾病、身体や精神上の障害により、2週間以上の期間にわたり常時介護を必要とする**要介護状態**の基準に該当すれば会社を休めます。

介護休業は、休業開始日から2週間前に会社へ書面で提出するという側面からも、介護の態勢を整えたり、介護施設を探したりするなど、計画的に長期で休む際に利用するものです。介護休暇は、口頭で当日電話申請しても問題ないので、親の急な病気や介護のときに、突発的・単発的に対応する際に利用しましょう。

現実的には、親が認知症かどうかを判断するまでに時間がかかってしまうため、有給休暇や代休を使いながら、会社を休むことになります。

介護休業は自ら介護するための休みではない

介護休業は自ら介護するためではなく、**介護の態勢を整えるための休み**です。介護休業・介護休暇によって、経済的に追い詰められることのないよう、貯金等を確認しておきましょう。

休業取得の一番の壁は、**自分自身**です。職場に迷惑がかかるからと休みを取らず、介護と仕事の両立で疲弊したり、誰にも相談できずに介護離職したりするケースが多いです。会社の人事や親が住む地域の地域包括支援センターに相談してみましょう。

介護休業の取得例

介護平均期間4年7か月

介護開始前	・認知症かどうか分からないので、有給休暇や代休で様子見
介護休業 1回目(31日)	・要介護認定を受ける、介護保険サービスを利用する、福祉用具をレンタルするなど、介護の態勢を整える期間
在宅介護	・デイサービスやヘルパーなどを利用しながら、介護と仕事を両立する
介護休業 2回目(31日)	・在宅介護が厳しくなって、介護施設を探す期間
施設介護	・介護施設に介護はお願いしつつ、定期的に面会をしながら、介護と仕事を両立する
介護休業 3回目(31日)	・看取りに立ち会うための期間

介護休業と介護休暇の違い

	介護休業	介護休暇
取得可能日数 (対象家族1人あたり)	通算で93日まで 3回まで分割取得も可能	1年で5日 2人以上なら最大10日
対象家族	配偶者(事実婚含む)、父母、配偶者の父母、子、祖父母、兄弟姉妹、孫	
対象者	・同一の事業主に引き続き1年以上雇用されている ・介護休業取得予定日から起算して93日後から6か月後までの間に契約の期間が満了しない	2021年より全労働者
時間単位の取得	不可	2021年より1時間単位で取得可能
賃金	支払義務なし	支払義務なし
雇用保険の給付	介護休業給付金あり	なし
申請方法	休業開始日2週間前までに、書面で手続き	口頭で当日申請も可能。就業規則を要確認
取得例	申請方法から考えても、計画的に休むもの	1日、数日単位で突発的に休むためのもの

ポイント

介護休業は、介護の態勢をつくるための休みです。自分で介護するための休みではありません。

病院探し

11 もの忘れ外来を調べておこう

医師から教わったいい認知症の医師の条件

離れて暮らす親に認知症の疑いがあったとき、どの病院を受診したらいいのでしょう？　もの忘れ外来、脳神経内科・外科、老年科、精神科、メモリークリニックなど、種類も名称も様々です。また医師も、画像診断が得意な医師、問診に力を入れる医師、地域と連携している医師など様々です。

認知症は基本的に完治しないので、他の病気と比べて医師との付き合いは長期間にわたります。そのため、医師と相性が合わないと、ストレスを抱えたまま、診察を受け続けなくてはなりません。

わたしの知り合いの医師に、どういった認知症の医師を選ぶべきか尋ねたところ、**人柄がいい、認知症の人や家族の話をよく聞く（問診を大切にする）、画像診断に頼り過ぎない、認知症の薬や他の薬を出し過ぎない、看護師や病院スタッフに高圧的ではない**医師がいいと、教えてもらいました。家族は大病院や最新設備のある病院に親を連れて行きたいと考えがちですが、それよりもこれらの条件に当てはまる医師のほうが、認知症治療の場合はいいようです。

認知症カフェで病院を見つけるのがおすすめ

病院探しは、あとで解説する地域包括支援センターに相談するのが一般的ですが、中立な立場が求められ、いい医師の情報まで得られない場合もあります。おすすめは親が暮らす地域の**認知症カフェ**（64ページ参照）へ行き、他の介護者から病院の口コミを入手することです。また、親のかかりつけ医から、連携している**専門医療機関**を紹介してもらうのもオススメです。情報量に地域差のあるインターネット検索だけでは、厳しいかもしれません。

もの忘れ外来探しと診察の流れ

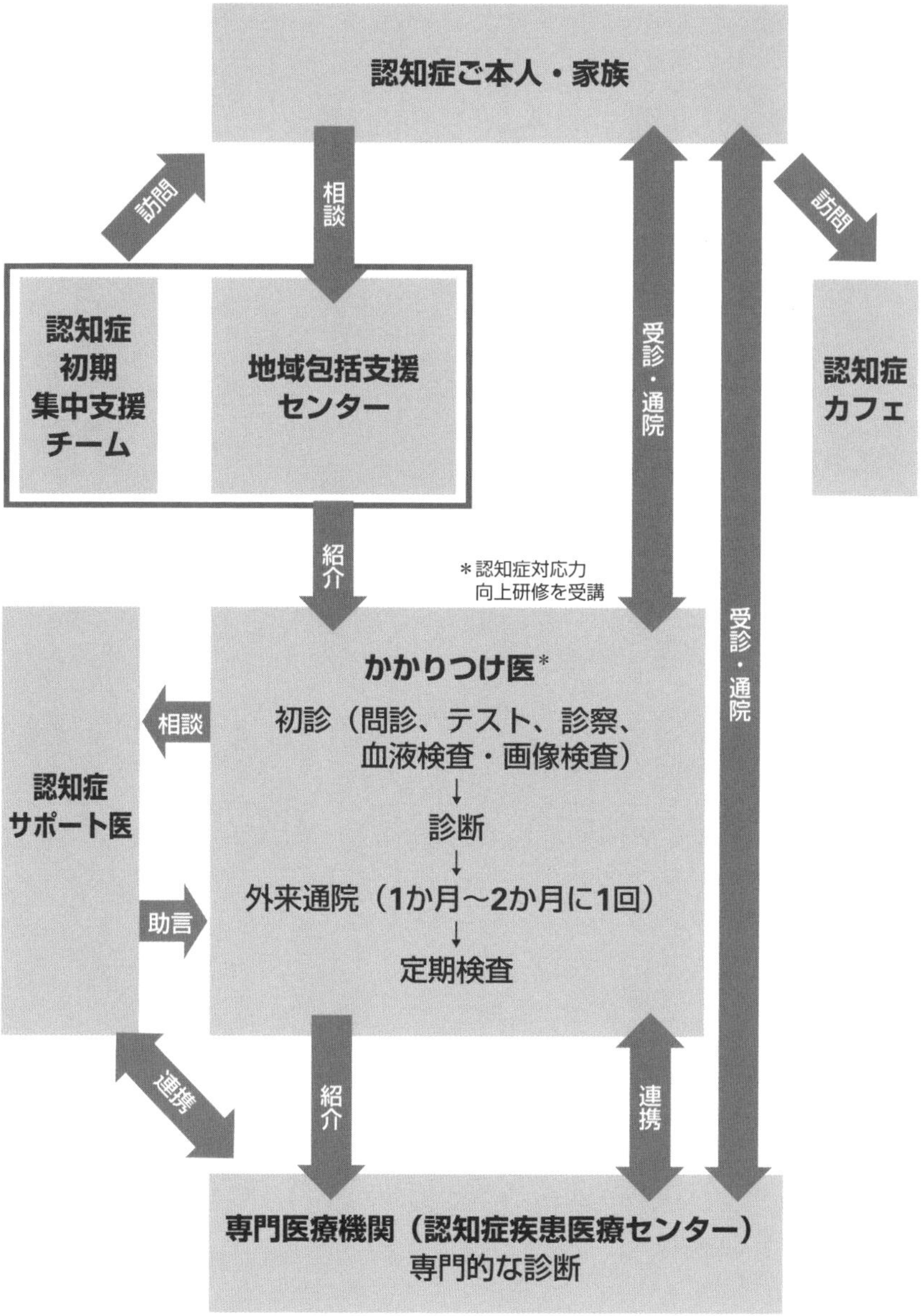

参考：厚生労働省「認知症施策の総合的な推進について」（2019年）

受診拒否

12 いやがる親を病院へ連れて行くには？

病院受診までに1年以上要する人は3割

「認知症の疑いがある親を、すぐ病院へ連れて行きましょう」と言われても、簡単ではありません。親は自分が認知症だと思っていないのに、説得して病院へ連れ出すのは至難の業です。また、子も親の認知症を受け入れられず、一過性のもの忘れだと思って、病院へ行こうとしません。

最初の受診までにかかった期間は平均9・5か月で、1年以上を要した方が約3割、2年以上は約2割というデータもあります。だからといって、親をムリに病院へ連れ出すのはよくありません。**親の自尊心を傷つけない**ことが大切です。

いやがる親を病院へ連れて行く工夫

お世話になっているかかりつけ医がいる場合は、風邪など他の病気で病院に行く機会と合わせて、認知症の相談をするのもオススメです。また、子である自分の通院時に、親に付き添ってもらって、そのまま認知症の診断を受けたという方もいます。

もの忘れ外来によっては、**家族のみ**の相談を受けつけている病院もあるので、まずはひとりで病院へ行って、医師と相談してみるのもいいでしょう。

どんなに工夫しても、親を病院へ連れ出せない場合は、**認知症初期集中支援チーム**（42ページ参照）や**認知症コールセンター**に連絡して、相談してみましょう。親を病院に連れて行くのではなく、医師に自宅まで来てもらう**在宅医療**を行っている病院を利用するという方法もあります。

わが家は、市の無料健康診断があると言い、母を病院へ連れ出したところ、その場で認知症と診断されました。

変化に気づいてから受診までにかかった時間

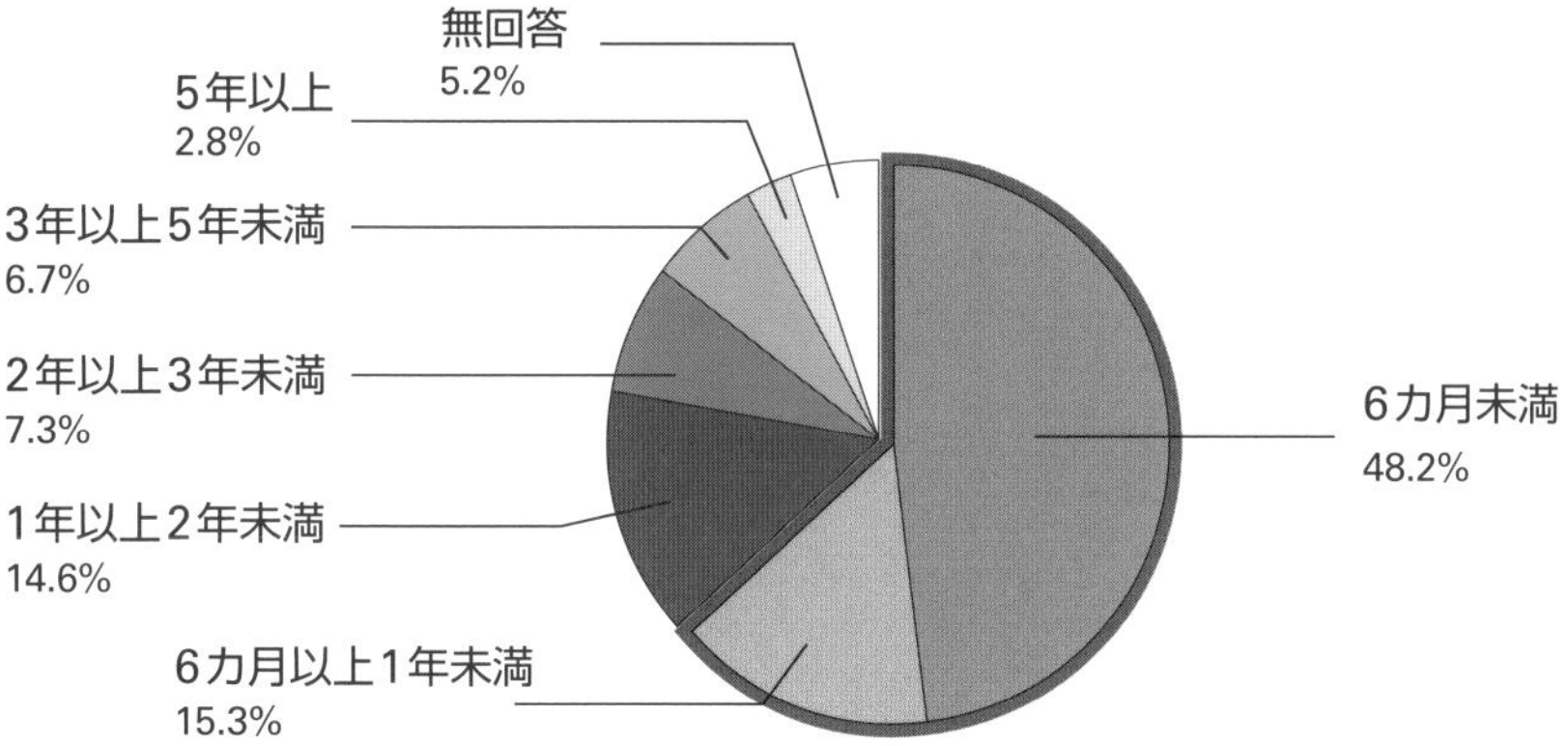

出典：日本イーライリリー株式会社（調査主体・発行）、公益社団法人 認知症の人と家族の会（調査協力・報告書編著）「認知症の診断と治療に関するアンケート調査　調査報告書」（http://www.alzheimer.or.jp/webfile/shindantochiryo_tyosahoukoku_2014.pdf）（2014年）

いやがる親を病院へ連れて行く９つのコツ

1	市区町村の健康診断があるよと言って連れ出す
2	いつもお世話になっているかかりつけ医に相談してみる
3	自分の通院に親もついてきてもらい、そのついでに受診する
4	親のきょうだいにも認知症診断を受けてもらい、一緒に受けてもらう
5	「この人の言うことなら聞く」という人から説得してもらう
6	認知症コールセンターに電話相談する
7	認知症初期集中支援チームに連絡すれば、訪問してくれる可能性もある
8	認知症の在宅医療を使ってみる
9	ムリに連れ出そうとせず、次の機会を待つ

ポイント

誰よりも親自身が自分の異変に気づいています。ムリに病院へ連れて行こうとせず、９つのコツを活用しましょう。

Column

認知症を予防するためには？

「認知症予防」は認知症になるのを遅らせること

政府が取りまとめた「認知症施策推進大綱」に書いてある認知症予防には、『**「予防」とは、「認知症にならない」という意味ではなく、**「認知症になるのを遅らせる」「認知症になっても進行を緩やかにする」という意味である』とあります。

誰もが年を取るので、認知機能の低下は避けられません。社会との接点がたくさんあって、健康的な生活を送っていた方でも、認知症を発症します。

イギリスの医学誌『Lancet』によると、認知症になる要因として、**喫煙**、**運動不足**、**社会的孤立**などは全体の35%でしかなく、残り65%は、我々にはどうすることもできないという研究結果が出ています。運動不足や社会的孤立は、デイサービスやデイケアなど、介護保険サービスを活用することで、ある程度の改善が見込めます。

親の身体機能の低下にも注目する

加齢による親の身体機能の低下が、認知症の原因となったり、進行を早めたりする可能性もあります。まずは親の**聴力**をチェックしましょう。難聴によって、耳からの情報量が減少すると、周囲や社会とのコミュニケーションも減って、認知機能の低下につながります。

人が得る情報の8割は視覚と言われているので、**目**もチェックしてください。80歳以上のほぼ１００パーセントが発症する白内障を放置しておくと、目がかすみ、視力が低下して、情報が遮断され、認知機能の低下につながります。

認知症の症状ばかりに注目しがちですが、**親の身体機能の低下が原因になっている**こともあります。

認知症予防のガイドライン（WHO）

WHOは下記項目を管理することで、認知症の発症や進行を遅らせるとしています

強く推奨	正常者の運動
	禁煙
	サプリメントを使わない
条件付き推奨	ＭＣＩの人の運動
	地中海式食生活
	節酒・禁酒
	脳トレ
	体重コントロール
	高血圧の管理
	糖尿病の管理
	脂質異常症の管理
十分な証拠がない	社会的活動

出典：WHO（https://www.who.int/mental_health/neurology/dementia/guidelines_risk_reduction/en/）より著者作成

認知症になる要因（35%の内訳）

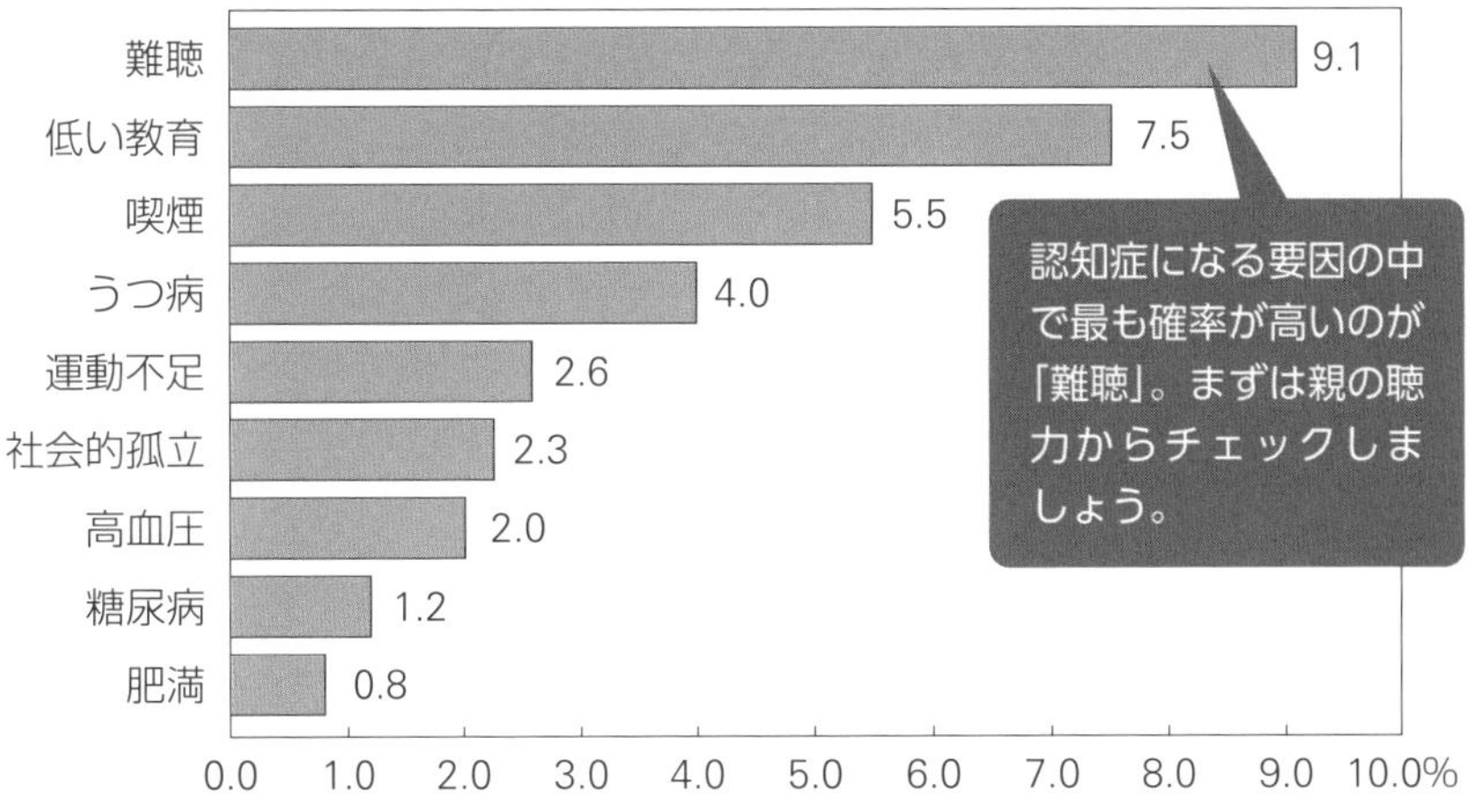

出典：「Livingston G, et al. Lancet. 2017 Jul 19.」より著者作成

ポイント

認知症予防のために、加齢による親の身体機能の低下にも注意しましょう。

Column

町内会や民生委員など地域の目で親を見守る

離れた親を見守るために、地域の目も活用してみましょう。ご近所だけでなく、**町内会**とつながりを持つことで、親の見守りが強化されます。町内会は主に、地域清掃や防災避難訓練、巡回パトロール、地域サークルなどの活動を行っています。

町内会では、地域で起こっている特殊詐欺被害や侵入窃盗被害などの犯罪情報を回覧板や配布物で情報共有している地域もあります。**実家へ帰ったときに意識して回覧板を見ましょう。**ネットやスマートフォンアプリで情報公開している町内会もあります。

町内会の中でも、**民生委員**は地域の実情をよく知っていて、福祉やボランティア活動に熱意のある方が、町内会などの推薦で選ばれます。任期は3年で、高齢者の見守り、声かけや家庭訪問、地域住民の相談にのるなどの役割があります。民生委員は高齢化が進んでいますし、認知症への理解度に個人差があります。まずは連絡を取ってみて、いざという時に頼りになる人かどうかを確認してみるといいでしょう。民生委員の連絡先は、町内会名簿や回覧板等に書いてありますし、親が住む地域の役所に問い合わせてもいいです。

親が住む地域が田舎で一軒家なら、町内会やご近所とのつながりも期待できますが、入口にオートロックがあるような都市部のマンションなどは、第三者の出入りができないので、地域による見守りが難しくなります。その場合は、**マンションの管理組合**に相談してみましょう。管理組合は建物の維持管理が本来の役割なので、組合とは別に、マンションの**自治会**が見守りを行っている場合もあります。

高齢者世帯が増加し、認知症の住人が増えているため、管理組合や自治会の役割も変化しています。一度調べておくといいでしょう。

2章

介護の始まり、まず知っておきたいこと

13 親の住む地域の介護の窓口を把握する

地域包括支援センターとは?

介護のことで不安があれば、まずは**地域包括支援センター（以下、包括）**に相談してください。包括は、公的な高齢者の無料相談窓口で、要介護状態になる前の予防を担当する**保健師**、高齢者の人権や財産を守る権利擁護や虐待問題解決などを担当する**社会福祉士**、介護全般に関わる相談に対応する**主任ケアマネジャー**など、専門スタッフで構成されています。

包括は小・中学校区に1つあって、担当エリアが決まっています。市区町村の広報やホームページなどで、親が住む地域の包括はどこにあるか、確認してみましょう。親と離れて暮らしている場合、親が住む地域の包括に電話で相談するか、直接訪問して相談しても構いません。訪問する場合は、電話で面談の予約をしてから行きましょう。

包括を知らなかったために、介護保険サービスを利用せず、介護をひとりで丸抱えしている人や全額自己負担でヘルパーを雇っていたという人もいます。

認知症ケアパスを入手しよう

もし、親に認知症の疑いがあるなら、**認知症ケアパス**を入手しましょう。認知症ケアパスは、認知症の状態に合わせて受けられる、市区町村の様々なサービスや支援の連絡先などの情報をまとめた一覧表です。認知症かどうか分からない状態で利用するサービスと、認知症が進行してから利用するサービスは違うため、認知症の進行レベルに合わせて時系列で明記されています。

認知症ケアパスは、役所や包括で配布しているほか、インターネットからもダウンロードできます。

地域包括支援センター

- 市区町村が設置している高齢者を支えるための相談窓口
- 対象地域に住んでいる65歳以上の高齢者、またはその家族などが利用できる
- **保健師**、**社会福祉士**、**主任ケアマネジャー**などの専門スタッフが分担して業務

親が住んでいる地域の地域包括支援センターに相談しましょう。

地域包括支援センターで相談できることの例

①生活における相談

例：「離れて暮らす独居の認知症の親の介護は何から始めたらよい？」
「ひとりでテレビばかり見て、閉じこもっていて心配だ」

②権利を守るための相談

例：「振り込め詐欺の被害にあったかもしれない」
「悪質な訪問販売の被害にあった」

③健康な生活を送るための介護予防やサービスについての相談

例：「介護保険を使うにはどうしたらよい？」

「介護予防のための健康教室の開催場所を知りたい」

「認知症予防のために、身体を動かす地域のサークルを知りたい」

④介護している家族の悩みについての相談

例：「病院に連れて行きたいが、うまくいかない」

「突然始まった介護に戸惑いを隠せない。介護者同士が交流できる場が知りたい」

「地域の認知症カフェの場所を教えて欲しい」

ポイント

介護の相談は地域包括支援センターへ！　認知症ケアパスを入手して地域にあるサービスを把握しておきましょう。

認知症ケアパス・認知症初期集中支援チーム

14 認知症ケアパスをうまく活用しよう

認知症ケアパスが便利な理由

親の認知症が分かって包括に相談すれば、多くの問題は解決しますが、他の組織や団体が提供するサービスまで把握していなかったり、家族の困りごとが解決しなかったりすることもあります。

市区町村が用意している**認知症ケアパス**には、認知症に関する基礎知識をはじめ、地域包括支援センターの一覧、認知症専門医がいる地域の医療機関、社会福祉協議会、高齢者サロンや有償ボランティアの情報、認知症に関する電話相談窓口、認知症カフェの開催情報など、地域にある認知症介護に役立つサービスが網羅されています。

家族が認知症ケアパスを入手することで、医療・介護職も知らない、気づかないようなサービスを、自らの力で見つけることができます。**認知症介護の悩みは、親の認知症の進行につれて変化していくため**、認知症ケアパスを手元においておくと便利です。

医療介護に接続していない認知症の人を救うチーム

認知症初期集中支援チームとは、複数の専門職が、家族の訴え等により、認知症が疑われる人や認知症の人及びその家族を訪問し、6か月をめどに自立サポートを行うチームです。支援チームは、包括や病院内に設置されていることが多く、メンバーは認知症サポート医、医療職、介護職で構成されています。

自宅に引きこもり、病院を受診しない認知症高齢者宅を訪問して、医療や介護につなげたり、医療・介護サービスを受けていたのに中断した人を、サポートしたりします。

認知症ケアパスに、チームの連絡先が書いてあることもあるので、活用しましょう。

認知症ケアパスの例

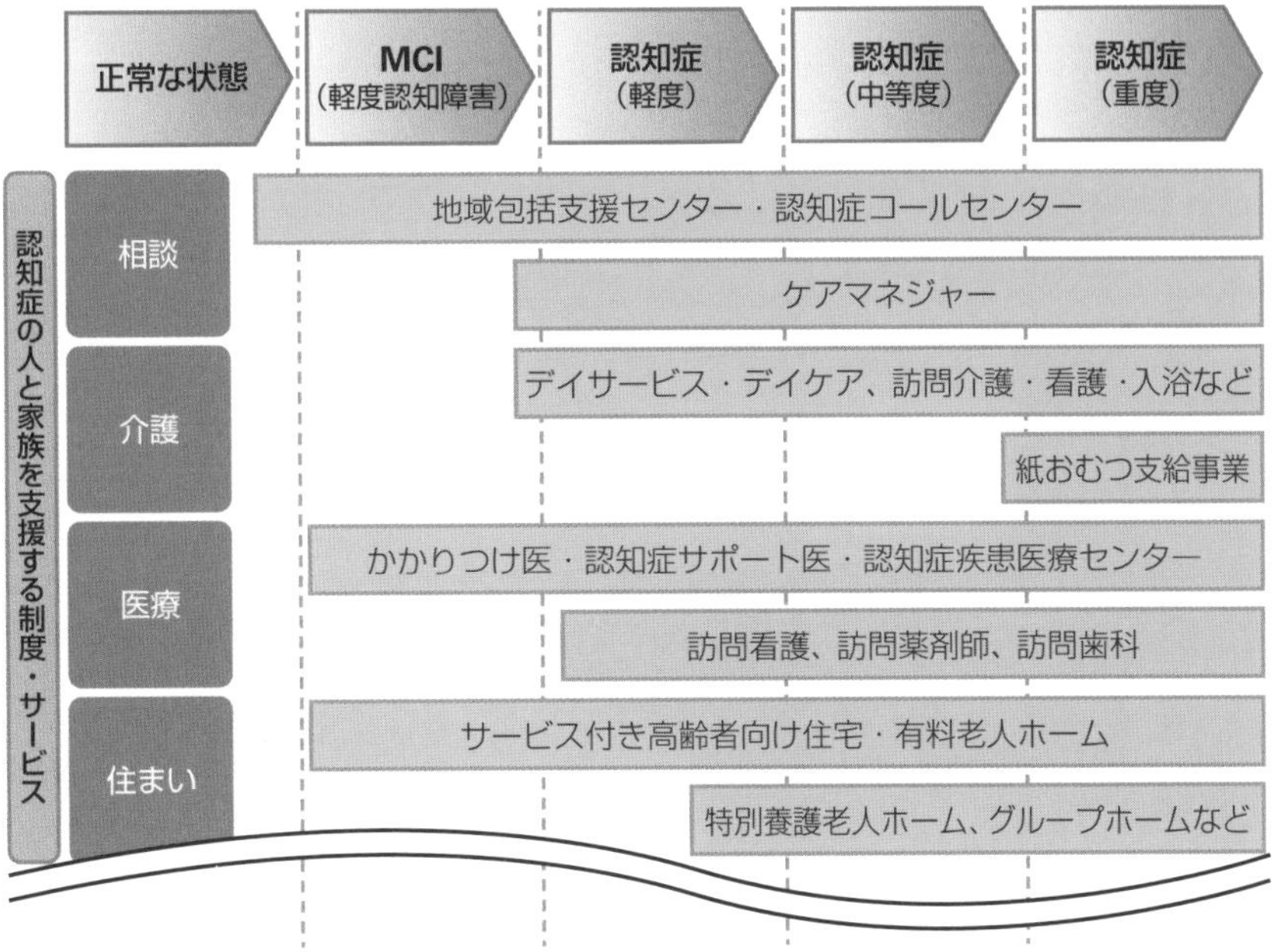

認知症初期集中支援チーム

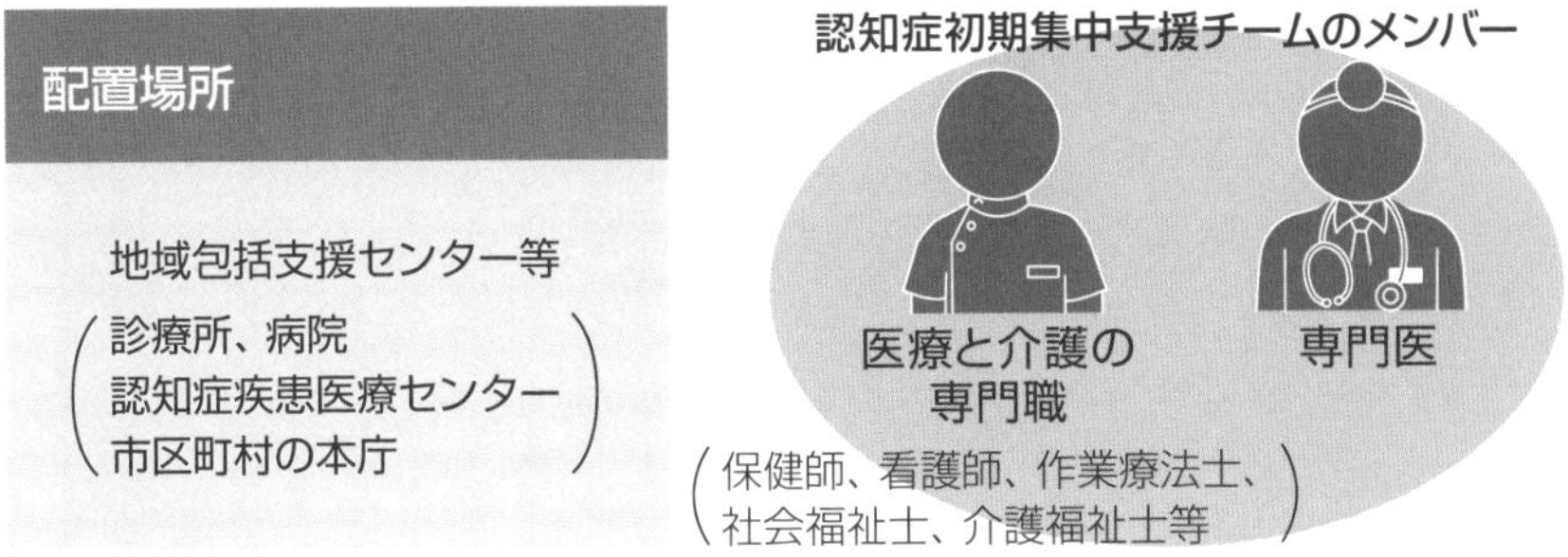

ポイント

親が住む地域の認知症初期集中支援チームはどこにあるか、確認しておきましょう。

キーパーソン

15 家族の誰が窓口になる？ 医療・介護職とのつながり方

キーパーソンは家族間の調整ができる人を

　病院や施設の方は、家族の中でも**キーパーソン**に連絡を取ります。キーパーソンは、ケアマネジャー（以下、ケアマネ）と連絡を取り合ったり、手術の判断をしたり、身元引受人になったりもします。

　キーパーソンに求められる条件として、認知症の親の状況を理解していること、連絡がつきやすいこと等が挙げられます。ただ一番大事な条件は、**家族間の調整をしっかりやれるかどうか**です。家族にしか判断できないことなのに、意見がまとまらずに、病院や介護職の方が困惑することがあります。わが家の場合は、親の近くに住んでいる妹がキーパーソンに向いているかと思いましたが、距離が離れていても、親と一緒にいる時間が長く、家族間の調整ができる、わたしがキーパーソンになりました。

医療・介護職との連絡の取り方

　キーパーソンは、緊急連絡先として登録されるため、病院やケアマネから、何度も電話がかかって来ることもあります。仕事などで手が離せないとき、電話に出られないこともあります。メールなど、電話以外の連絡手段が可能かどうか、個人単位で聞いてみましょう。

　わたしは携帯電話同士で電話番号を宛先にしてやりとりするＳＭＳ（ショートメッセージ）での連絡を主としていて、簡単な文章で用件が伝わらない場合のみ、電話を使うようにしています。緊急事態でもないのに、夜中に連絡したり、連絡頻度が異様に多かったりなど、相手が敬遠しそうな言動を繰り返すようでは、コミュニケーションはうまくいきません。家族は節度ある連絡が求められます。

家族介護者の8つのタイプ

	タイプ	お金	口	時間	特徴
①	無関心型	×	×	×	一切介護に興味がなく、介護放棄
②	お金解決型	○	×	×	経済的援助だけするが、口も出さないし手も動かさない
③	口だけ型	×	○	×	口やかましいだけで、何もしない
④	同居型	×	×	○	距離が近いので、介護の時間は取れる
⑤	お札振りかざし型	○	○	×	金にモノを言わせ、口も出すが、自分は介護しない
⑥	ボランティア型	×	○	○	経済的援助はできないけど、介護はする
⑦	サポーター型	○	×	○	お金も出す、介護もする、キーパーソンの方針に従う
⑧	主介護者型	○	○	○	すべてにおいて対応する

キーパーソンには、⑥〜⑧のタイプが向いています。

出典：工藤広伸『認知症介護を後悔しないための54の心得』（廣済堂出版、2015年）

キーパーソンに向いている人

- 認知症の親からの信頼があって、一番身近な人
- 親との精神的な距離が近い人
- 家族間の調整がうまくできる人
- 社会的なコミュニケーション能力が高い人
- 親族やきょうだいの中の力関係ではなく、バランスよく判断できる人

ポイント

親と離れていても、キーパーソンは務まります。キーパーソン次第で、認知症介護の中身や質は大きく変わります。

16 要介護認定を申請する

要介護認定の申請は代行してくれる

介護保険サービスを利用するための最初のステップが、**要介護認定**です。この認定結果次第で、受けられるサービスが変わります。親が住む市区町村の窓口で申請を行いますが、離れて暮らしている場合は、まず包括に相談してみましょう。

家族がすでに介護保険を利用している場合は担当ケアマネ、病院に入院している場合は、病院のソーシャルワーカーが申請を代行してくれます。

要介護認定の有効期間は、新規で原則6か月、更新の場合は3〜36か月です。介護保険を利用し続けるためには、その都度更新手続きが必要です。

要介護認定調査には必ず立ち会う

要介護認定の際、調査員が自宅などにやってきて、親の心身状態や介護の状況を確認する**認定調査**を行います。

自分は認知症ではないと思っている親にとって、質問にはかなり失礼と思われる内容もあります。子から見ればできていないことも、親のプライドから**「できる」と答えてしまい、判定が低くなる**こともあります。そうならないためにも、左の調査票の質問内容を事前に把握したうえで、親と数日過ごし、様子を確認するとよいでしょう。

認定調査当日、子は必ず同席して、ありのままの親の様子を調査員に伝えましょう。親の前で話しづらい場合は、メモを調査員に渡してもいいです。認定調査と、かかりつけ医が作成する**主治医意見書**によって判断され、1か月程度で判定結果が出ます。

親が入院中の場合、退院後の介護を見越して、入院と同時に要介護認定を行う場合もあります。

認定調査の主な質問内容（認知症関連）

No.	質問	回答
1	生年月日や年齢を言うことについて、あてはまる番号に一つだけ○印をつけてください。	1．できる 2．できない
2	短期記憶（面接調査の直前に何をしていたか思い出す）について、あてはまる番号に一つだけ○印をつけてください。	1．できる 2．できない
3	今の季節を理解することについて、あてはまる番号に一つだけ○印をつけてください。	1．できる 2．できない
4	場所の理解（自分がいる場所を答える）について、あてはまる番号に一つだけ○印をつけてください。	1．できる 2．できない
5	外出すると戻れないことについて、あてはまる番号に一つだけ○印をつけてください。	1．ない　2．ときどきある　3．ある
6	物を盗られたなどと被害的になることについて、あてはまる番号に一つだけ○印をつけてください。	1．ない　2．ときどきある　3．ある
7	作話をすることについて、あてはまる番号に一つだけ○印をつけてください。	1．ない　2．ときどきある　3．ある
8	泣いたり、笑ったりして感情が不安定になることについて、あてはまる番号に一つだけ○印をつけてください。	1．ない　2．ときどきある　3．ある
9	昼夜の逆転があることについて、あてはまる番号に一つだけ○印をつけてください。	1．ない　2．ときどきある　3．ある
10	しつこく同じ話をすることについて、あてはまる番号に一つだけ○印をつけてください。	1．ない　2．ときどきある　3．ある

出典：厚生労働省『認定調査員テキスト2009（改訂版）』（2018年）より抜粋

ポイント

最初の要介護認定調査には、家族は必ず立ち合いましょう。認定調査前に、親と数日一緒に過ごし、様子を確認しておきましょう。

17

審査請求・区分変更

要介護認定の結果に不満があった場合は

要介護認定の判定結果の不服は区分変更で

初めての要介護認定では、判定結果が不服かどうか分からないかもしれません。しかし、更新時に不服と感じることもあるので、あらかじめ手続きを覚えておきましょう。不服がある場合は、市区町村の介護保険課に問い合わせをして、認定について説明を受けましょう。それでも納得いかない場合は、都道府県に設置されている介護保険審査会に**審査請求（不服申立て）**ができます。要介護認定通知を受けた翌日から、60日以内に申請する必要があります。しかし、調査内容を再審査するため、数か月かかることから、あまり使われていません。その代わりに、**区分変更**の申請を行います。区分変更は本来、認定後に状態が変わった場合に再調査して行うものですが、認定結果が不服である場合にも申請することができます。こちらは、30日程度で結果が出ます。区分変更は、担当ケアマネか包括に相談してください。

なぜ結果が不服なのかを分析する

なぜ要介護認定の結果が不服だったかを確認するために、認定調査結果の**開示請求**ができます。要介護認定で使われた、認定調査票や主治医意見書を確認して、不服の理由を分析してみましょう。市区町村の窓口に依頼するか、担当ケアマネに手続きをお願いすれば、書類を入手できます。

認定調査票の内容が事実と違っているようなら、次回の要介護認定では、子は認定調査に立ち会いましょう。主治医意見書の内容によっては、医師を変える必要もあります。調査員に不満がある場合は、介護保険担当窓口に伝えて、次の要介護認定は別の調査員になるよう、お願いしてください。

要介護状態区分の７段階とその目安

	軽度	→					重度
非該当	**要支援1**	**要支援2**	**要介護1**	**要介護2**	**要介護3**	**要介護4**	**要介護5**
	日常生活の能力は基本的にあるが、入浴などに一部介助が必要	立ち上がりや歩行が不安定。排泄、入浴などで一部介助が必要だが、状態維持の可能性大	立ち上がりや歩行が不安定。排泄、入浴などで一部介助が必要	起き上がりが自力では困難。排泄、入浴などで一部または全介助が必要	起き上がり、寝返りが自力ではできない。排泄、入浴、衣服の着脱などで全介助が必要	排泄、入浴、衣服の着脱など多くの行為で全面的介助が必要	生活全般について全面的介助が必要

要介護認定を賢く受ける７つのコツ

1	親の日常をよく知る人（家族、難しければケアマネなど）はできるだけ同席する
2	親の日常の様子をメモや写真、動画などに残して、調査員に見せる
3	調査員の調査項目（認定調査の質問内容）を事前に把握しておく
4	調査日前には、できれば１週間程度親と一緒に過ごして言動をチェックする
5	調査員訪問の前には部屋を片づけず、親が住んでいるありのままの状態を見せる
6	主治医意見書の内容を充実させる
7	すぐサービスを利用したい場合、ケアマネに暫定ケアプランを組んでもらう

要介護認定の調査員や、担当医師は認知症の親を見て判断する時間が限られています。短時間で、認知症の親の状態を正確に伝えるために、日頃から親の状態をメモしておきましょう。

ポイント

区分変更の申請をする際は、認定調査票、主治医意見書、調査員のどこに問題があったかを分析しましょう。

介護保険サービス

18 介護保険サービスの仕組みを知っておこう

介護保険サービスの仕組みを知っておこう

本節では、認知症に関する介護保険サービスの話を中心に解説していきます。要介護認定で介護度が決まると、介護保険サービスを利用できます。判定が要支援ならば包括が、要介護ならケアマネが家族の相談窓口となり、**ケアプラン**（介護サービスを受けるための計画書）を作成します。

要介護認定調査終了時から、結果が出るまで約1か月かかります。**暫定ケアプラン**が作成されれば、すぐサービスを利用できるので、包括かケアマネに相談しましょう。ただし、要介護度が未定のため、支給限度額は分かりません。限度額を超えた分は自己負担になるので、注意が必要です。要介護認定の効力は、申請日までさかのぼるので、要介護・要支援と判定されれば介護保険の給付対象になります。

介護保険サービス利用までの流れ

ケアプラン作成では、まず**アセスメント**を行います。親の心身状態、家族の困りごとや希望を把握して、介護方針を決定します。**ケアマネにお任せではなく、一緒に考えましょう。**ケアプランの原案ができると、ケアマネや包括（ケアプラン作成者）が主体となって、主治医、利用するサービスの担当者、利用者とその家族が集まる**サービス担当者会議**が行われます。今後の窓口になるかもしれないメンバーですし、複数のサービス担当者と一度に会えるので、会議にはできる限り参加しましょう。ケアプランが確定し、サービスの利用が始まったあとは、利用者である親と担当者が、当初のケアプランでいいかを確認しサービス内容を見直す、**モニタリング**が行われます。

介護保険サービス利用の手続き

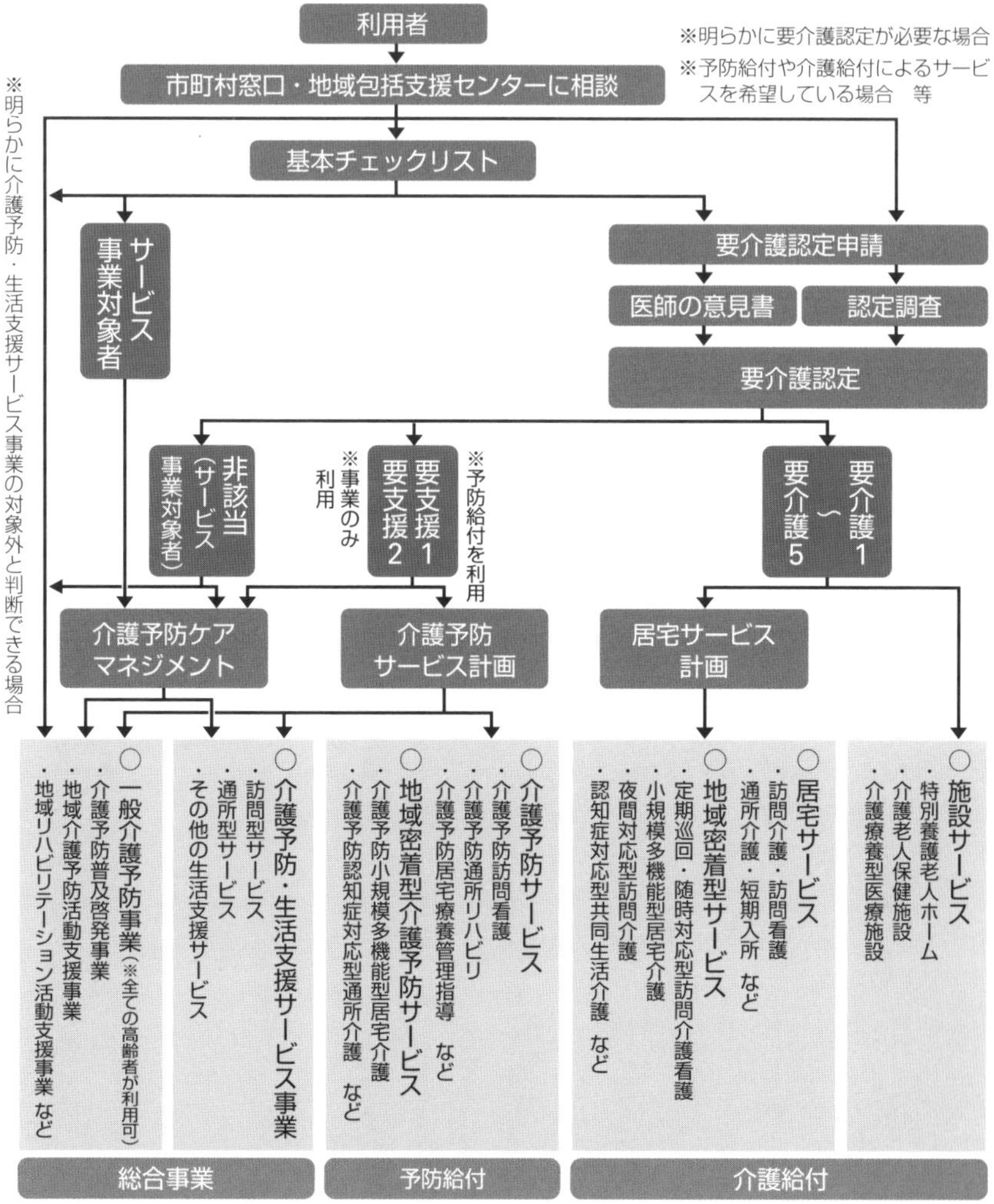

出典：厚生労働省老健局「平成30年度　公的介護保険制度の現状と今後の役割」

ポイント

要介護認定終了後に、すぐ介護保険サービスを利用したい場合は、暫定ケアプランを使うことができます。

ケアマネジャー

19 いいケアマネジャーはどうやって探す？

ケアマネジャーの探し方

要介護認定の結果が要介護の場合、ケアマネと契約を結びます。まずは包括に相談するといいのですが、自分でいいケアマネを見つけたい場合はどうしたらいいのでしょう。まず、親が住む市区町村の介護保険課か包括へ行き、居宅介護支援事業所のリスト、または「ハートページ」を冊子やネットで確認して、連絡します。最初はケアマネの役割を理解していないので、親の家の近所にある事業所のケアマネを選びがちです。できれば、ケアマネをよく知るかかりつけ医や、認知症カフェ等で出会った他の介護者から、いいケアマネを教えてもらいましょう。

家族と相性がよく行動力のあるケアマネを選ぶ

ケアマネは、介護福祉士、看護師、社会福祉士など経歴もさまざまで、それぞれに得意分野があります。ケアマネを得意分野で選ぶ方法もありますが、親の健康状態は常に変化します。健康状態に合わせて柔軟に対応でき、課題解決能力の高いケアマネのほうがいいです。また、ネットワークの広さ、コミュニケーション能力の高さ、行動力の早さを重視しましょう。**認知症への理解度にも、大きな差があります。**いきなり施設入所や入院をすすめるケアマネも中にはいるため、**認知症介護はケアマネ次第で大きく変わると言えます。**

親や家族と相性が合わない場合、**ケアマネの変更は可能**です。ケアマネを変えづらいという家族は多いのですが、相性が合わないまま介護を続けるほうがもっと大変です。どうしても言いづらい場合は、包括や役所、ケアマネが所属する居宅介護支援事業所に相談してみましょう。

ケアマネの主な仕事

- 利用者、利用者家族からの相談にのる
- 各サービス事業所との連絡、調整業務
- 要介護認定の申請代行
- ケアプラン作成、サービス担当者会議の実施、モニタリング、給付管理
- 施設ケアマネは、その施設で可能なケアプランをつくる

ケアマネ探しから介護保険サービス利用までの流れ

要介護認定 → 居宅介護支援事業所リストorハートページを入手 → 電話 → 自宅訪問 → ケアプラン作成 → サービス開始 → モニタリング（月1回）

かかりつけ医や認知症カフェ、知人などからケアマネを紹介してもらいましょう。

親との相性、自分との相性、認知症に対する思いや理解度を確認しましょう。

ポイント

いいケアマネの6つの条件は「親との相性」「家族との相性」「フットワークの軽さ」「情報力」「課題解決能力」「コミュニケーション能力」です。

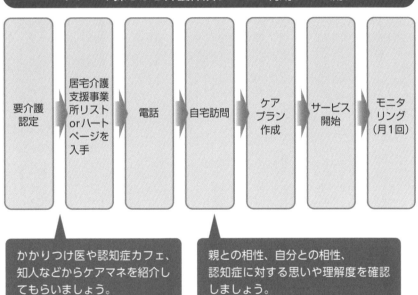

ホームヘルパー

20 ホームヘルパーができること・できないこと

ホームヘルパーの仕事を理解しておく

介護の窓口はケアマネですが、実際に親の家で介助に当たるのは、**ホームヘルパー（訪問介護員。以下、ヘルパー）**で、介護に欠かせない存在です。

ヘルパーの仕事は、介護保険の中でできることが決められており、家事代行ではありません。仕事の範囲を理解しておけば、家族との役割分担ができます。認知症の進行によって、親ができなくなってしまったことを中心に、まずはお願いしたいことをリストアップしましょう。親と離れている分、自分でできることは限られるので、ヘルパーに任せられることは、お願いしましょう。

自費で受けられるサービスも選択肢に

ヘルパーの主な仕事は、「**身体介助**」と「**生活援助**」の2つです。身体介助とは、食事、入浴、排泄、外出の介助など、生活援助は、掃除や洗濯、買い物、調理などです。できないことは、医療行為（口を開けて服薬を手伝うなど）です。また、家族が同居している場合、身体介護は利用できますが、基本的に生活援助は利用できません。例外として、老老介護や認認介護など、家事が困難な場合は生活援助を受けられます。他にも、酒やタバコなどの嗜好品の買い物はNGだったり、価格の安いお店を指定したり（最短距離にある店での日用品購入が基本）、話し相手になる、金銭管理をする、家の留守番をする、家電の修理をすることもお願いできません。事業所や市区町村によって、ヘルパーの仕事の範囲が異なるので、担当のケアマネに確認してください。

ヘルパーができないことは、**自費で受けられるサービス**を利用して、親の生活をカバーしましょう。

ホームヘルパーの主な業務

身体介助	**サービス準備・記録等** 健康チェック：利用者の安否確認、顔色・体温などの健康チェック 環境整備：換気・室温・日当たり調整、ベッド周りの簡単な整頓 サービス提供後の記録
	排泄・食事介助 排泄介助：トイレ利用、おむつ交換、失禁対応など 食事介助：誤飲の観察、エプロンの準備、配膳、摂食介助、後始末 調理：嚥下が困難な利用者のための流動食の調理
	清拭・入浴、身体整容 部分・全身浴：浴室への移動・脱衣介助、入湯、着衣、髪の乾燥・整髪 洗面等：歯磨き、うがいの見守り 身体整容：爪切り、耳掃除、ひげの手入れ、簡単な化粧 更衣介助：下着、寝間着、靴下などの脱衣・着衣
	体位変換、移動・移乗介助、外出介助 体位変換：床ずれの予防 移乗・移動介助：車椅子移乗、歩行器や杖の準備 移動：安全移動のための通路確保、車椅子を押す 通院・外出介助：バス等の乗降、受診の手続き、院内の移動
	起床及び就寝介助 起床・就寝介助：起き上がりの介助、布団等の整理整頓、シーツの準備
	服薬介助 水の準備、薬の飲み忘れ確認
	自立生活支援、重度化防止のための見守り的援助 認知症の人のリハビリパンツ、パッド交換の声かけ・見守り。食事や水分摂取の声かけ
生活援助	掃除：トイレ、卓上清掃、ゴミ出し、ベッドメイク 洗濯：洗濯機や手洗い洗濯、乾燥、物干し、取入れ、アイロンがけ 衣類の整理・被服の補修：夏物・冬物の入れ替え、ボタン付け、やぶれの補修 一般的な調理、配下膳 日用品の買い物、薬の受け取り

出典：厚生労働省老健局振興課「介護保険最新情報 Vol.637」（2018年）より著者作成

居宅サービス

21 デイサービス・デイケア・ショートステイの選び方

通所系サービスの種類

自宅などに来てもらう訪問系サービスに対して、施設などに通うサービスを**通所系サービス**と言い、**デイサービス**（利用者が施設などに通い、生活支援やレクリエーションを受ける）、**デイケア**（作業療法士や理学療法士による専門的なリハビリが受けられ、必要な設備が整っている）があります。これらは日帰りが基本ですが、施設や病院などに短期で宿泊し、日常生活のお世話を受ける**ショートステイ**もあります。これらはケアマネが紹介してくれますが、自力で探しても構いません。

通所系・短期入所系サービスの選び方のコツ

認知症の進行を緩やかにしたい、交流機会を増やしたい、お風呂に入って欲しい、介護者の介護疲れを解消したい、子の仕事中はデイサービスにいたほうが安心など、**必ず利用目的がある**はずです。目的の優先順位を決めてから、できれば親子一緒に複数箇所を見学しましょう。見学する前に、サービスや施設について知っているケアマネや、認知症カフェに参加している、利用経験のある他の介護者から情報を入手しておきましょう。

通常のデイサービスとは別に、**認知症対応型デイサービス**もあります。利用者は1日12人以下なので人員体制が手厚く、認知症に精通するスタッフがケアに当たります。そもそも、認知症対応型が少ない地域もありますし、他のデイサービスとの違いを感じないという方もいます。

認知症の親が、デイサービスの利用をいやがることもよくあるので、各施設にいる相談員などに相談してみましょう。

通所系・短期入所系サービス見学のチェックポイント

- ☐ 施設経営者の経営理念を確認する
- ☐ 施設の特色は何かを聞く（リハビリに力を入れている、お風呂が自慢など）
- ☐ 利用者の男女比、介護度、年齢層をチェックする
- ☐ 1日体験してみて、親の話し相手がいそうかどうか
- ☐ 施設やサービスの定員数はどうか
- ☐ 利用している人の様子を見る
- ☐ 施設全体の雰囲気を見る
- ☐ 食事が充実しているかどうか

最も大切なことは、親の居心地がよさそうで、親が楽しめそうかどうか。子の希望を押し付けてしまっては、長続きしません。

デイサービス・デイケア・ショートステイの特色

デイサービス	・リハビリに特化したデイサービス ・認知症対応型のデイサービス ・温泉が楽しめるデイサービス ・料理を生活リハビリに取り入れているデイサービス
デイケア	・認知機能向上のリハビリ ・管理栄養士による栄養状態の改善 ・言語聴覚士による嚥下機能（飲み込み）のリハビリ ・対人によるリハビリプログラム ・ゲーム性のある楽しいリハビリ
ショートステイ	・保険適用で生活援助を受けられるショートステイ ・保険適用で医療・リハビリが受けられるショートステイ ・保険適用外の有料ショートステイ

ポイント

デイサービスは数が多く、施設ごとに特色があります。親に合ったデイサービスを探しましょう。

22

在宅医療

病院へ連れて行けないなら、自宅に来てもらう

親が通院しないのなら在宅医療も視野に

認知症の親が、病院の受診を拒んだり、持病があるのに薬をやめてしまったり、健康状態の悪化で通院が困難になったりすることがあります。通院に付き添う子も、平日に休まなければなりませんし、交通手段を確保して、診察からお薬を受け取るまで、半日以上時間を拘束されることもあります。

そんなときは、医師に自宅に来てもらう**在宅医療**を検討してみましょう。在宅医療は在宅医、訪問看護師、訪問薬剤師、訪問歯科医師、理学療法士・作業療法士などの専門スタッフが、様々な角度から親を見守ります。在宅医療の拠点となる、24時間対応している**在宅療養支援診療所**を、親の家の近くで見つけましょう。

在宅医の探し方ですが、まずは日頃お世話になっているかかりつけ医、包括や担当ケアマネに相談しましょう。在宅医療の相談窓口を設置している自治体や、インターネットでの検索も可能です。何かの病気で入院中であれば、院内にいるソーシャルワーカーに相談してみましょう。

在宅医療にかかる費用

医師による**訪問診療**（月4回）、看護師による**訪問看護**（月8回）で計算すると、約12万円となり、1割負担なら月1・2万円となります。必要に応じて、薬や交通費が別途かかります。訪問回数は、医師や看護師、担当ケアマネとも話し合って決定し、持病や状態によって減らすこともできます。

原則として**医療保険が適用**されるので、96ページにある高額療養費制度の対象となり、上限額以上の支払いはありません。

在宅医療の流れ

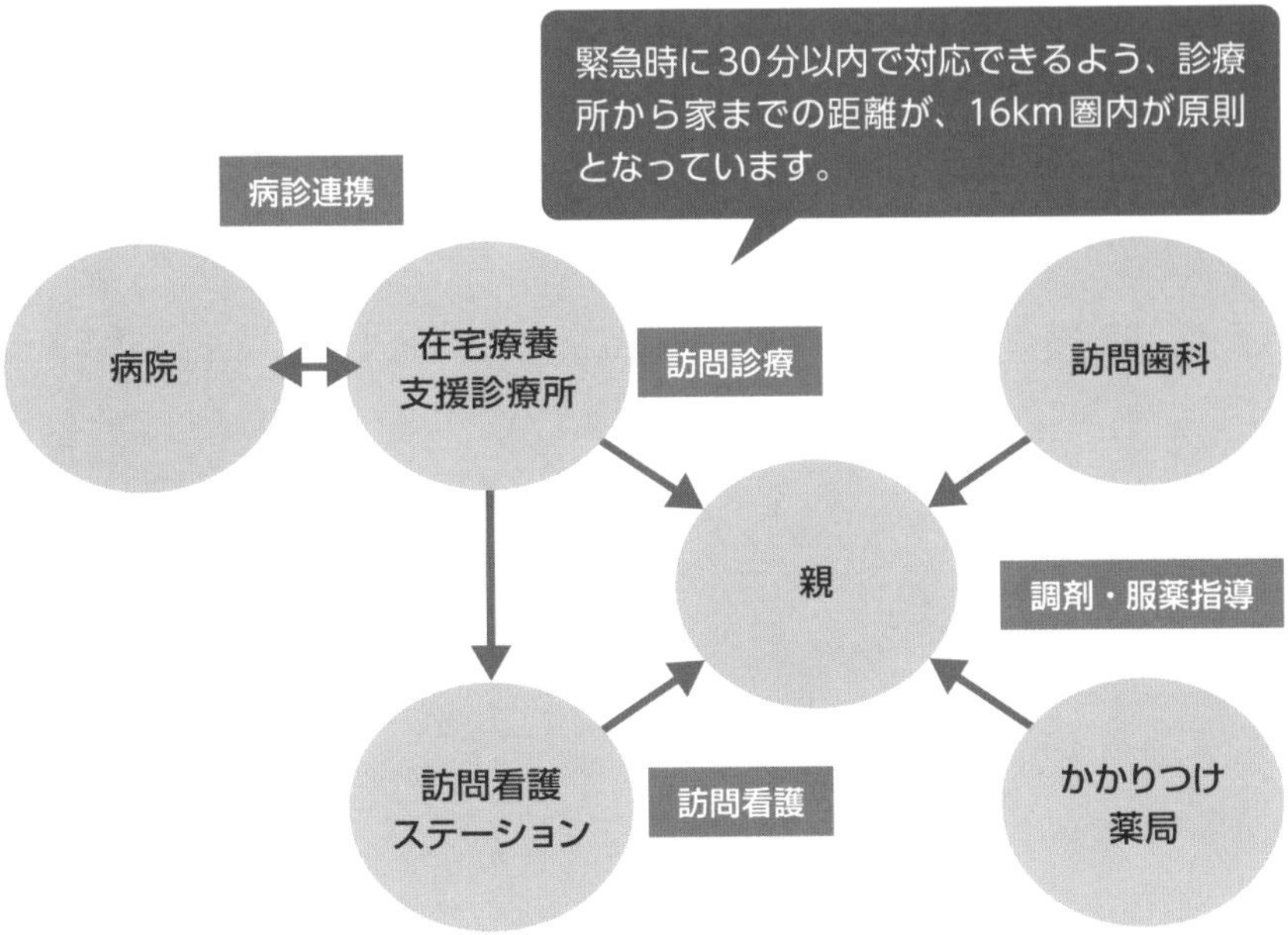

在宅医・訪問看護師・訪問薬剤師の役割

在宅医	・認知症、パーキンソン病、脳卒中、その他病気の継続的な治療 ・床ずれの処置　・末期がんの痛みの緩和　・在宅人工呼吸療法
訪問看護師	・健康状態の観察　・医師の指示による医療処置 ・床ずれの処置　・服薬管理　・緩和ケア ・介護者へのアドバイス ・在宅酸素・人工呼吸器など医療機器管理
訪問薬剤師	・薬の配達 ・薬の飲み忘れを防ぐための提案（お薬カレンダーなど） ・飲み忘れた残薬を整理し、使える薬を再利用する ・服用が同じタイミングの複数の薬を1袋にまとめる（一包化） ・散剤から錠剤へと医師に提案する（手の震えでこぼす） ・複数の病院からの薬の重複を整理してくれる ・オブラートや嚥下ゼリーなど、薬の飲みやすさを提案する

施設介護の考え方

23 親の介護は在宅と施設、どちらがいい？

どこで介護するかを決める2つのポイント

離れて暮らす親が認知症になってしまったら、施設に預けるしか方法がないと考える人がいる一方で、自宅で介護保険サービスを利用しながら介護している人もいます。内閣府の調査で、認知症が進行して、意思疎通が困難になるまでは、自宅で暮らしたいと考える人の割合が多いという結果が出ています。

親をどこで介護するかを決める2つのポイントは、**親の意思**と**お金**です。特に親の意思は大切で、子に迷惑をかけたくないから施設に入りたいと考える親もいれば、最期まで自宅で暮らしたいという親もいます。しかし、親の財産がなければ、入る施設の種類や、入居できる期間が制限されます。場合によっては、子が介護費用を負担する可能性もあるので、**親の財産は早めに把握しておくべき**でしょう。

施設に預けることは悪いことではない

親を施設に預けることは、決して悪いことではありませんし、後ろめたさを感じる必要はありません。特に離れた親を介護している場合、どうしても目が離せない状況になったり、子の体力が限界を迎えたりすれば、施設を利用することになります。

ただ、家族が認知症の勉強をせず、親の意思に反して、担当ケアマネに丸投げし、施設を選ぶのは大変リスクが高いです。間違った施設選びは、親の認知症の進行を早め、自立を奪いかねません。

また、**施設に親を預けたら、介護は終わりではありません**。親の面会に行ったり、状況報告を受けたり、家族として判断すべき場面はたくさんあります。

親の意思とお金に加え、在宅で受けられる介護保険サービス、施設のサービスを理解しましょう。

認知症になったらどこで生活したいか？

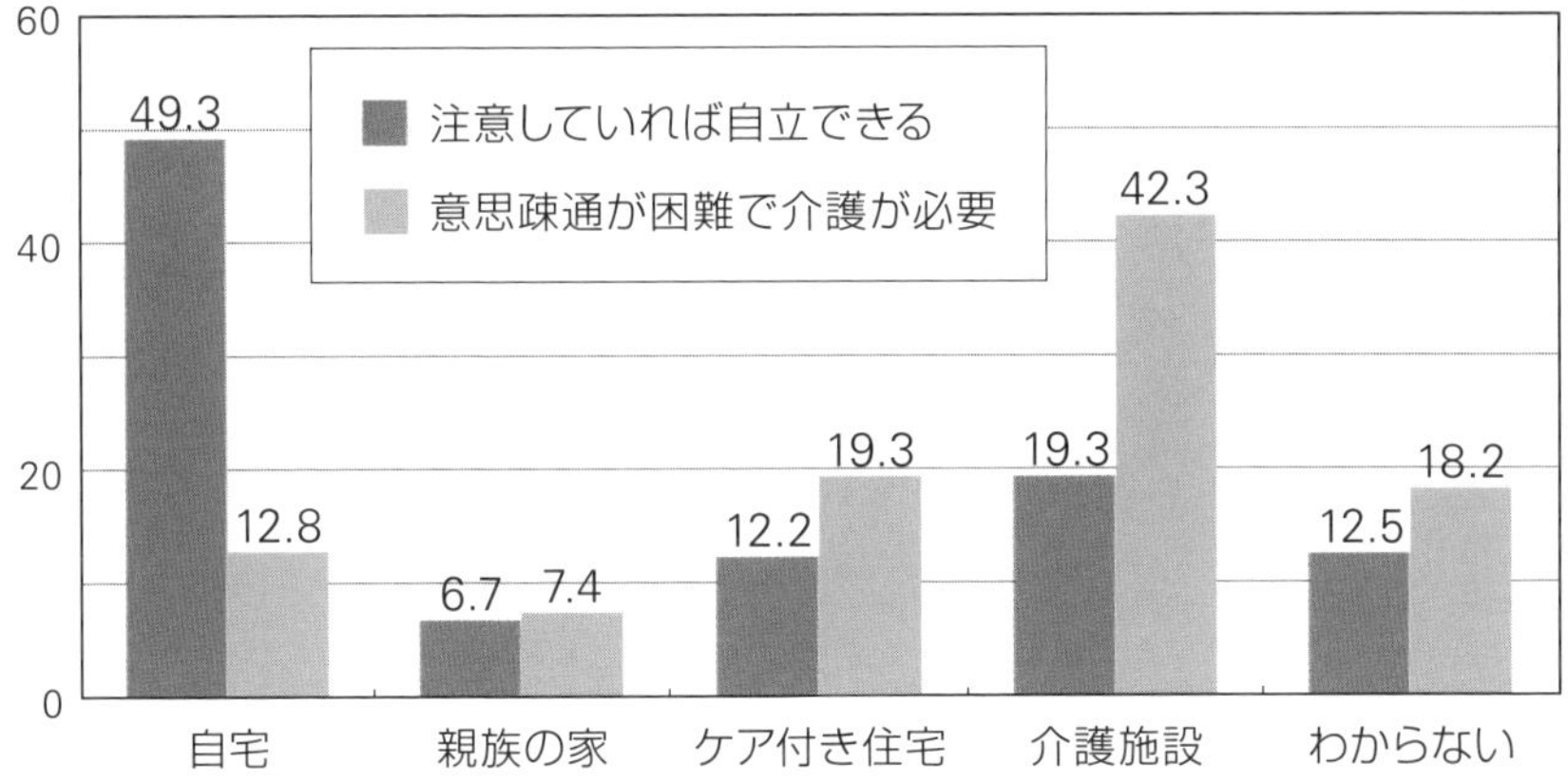

出典：内閣府政策統括官「平成26年度一人暮らし高齢者に関する意識調査」（2015年）

施設を利用するきっかけの実例

- 片時も目が離せない状態になった
- 老老介護で、片親が疲れ切っていた
- ダブルケア（育児と介護の両立）で育児を優先した
- 認知症介護で、夫婦や子との関係が悪化した
- ひとり歩き（徘徊）が増えた
- 近所に迷惑をかけるようになった
- 火事の心配や失火があった
- ひとりでトイレができなくなった
- 食事の介助に時間がかかるようになった
- 介護者自身が病気になってしまった
- 在宅介護で頑張ったが、限界を迎えた
- 介護施設に空きが出た
- 認知症が進行して、娘・息子のことが分からなくなった

ポイント

親を施設に入れることは悪いことではありませんが、間違った施設選びは認知症の進行を早め、自立を奪います。

施設サービス

24 どの施設を選べばいいのか？

認知症の親を受け入れる施設はどこか

親を受け入れる介護施設を決めるうえで、まずおさえるべきは**要介護度**です。要介護3以上ならば、原則として**特別養護老人ホーム**（以下、特養）を利用できます。特養や介護老人保健施設（老健）等は**公的施設**に属しますが、認知症高齢者を対象とする**グループホーム**などは、**民間施設**に属します。公的施設は入居に要介護度等の条件がありますが、ケアハウス以外は入居一時金がなく、月額費用が安いです。ただ、入居まで時間がかかります。民間施設は入居しやすいのですが、**入居一時金**が発生し、月額費用も高めです。今ある親の財産で、入居一時金や月額費用を何歳まで払い続けられるか、**資金計画**を立てる必要があります。さらに民間施設では、認知症の方を受け入れるかどうか、施設によって異なります。認知症の重さによっては、退去をすすめられるケースもあるので、入居前に確認が必要です。

施設選びのポイント

介護施設の見学・体験入居時と、実際の入居後の印象は変わります。他の利用者との相性、認知症ケアが得意か、介護職員や医師の質など、いくら施設選びのチェックリストを活用しても、**短時間で施設の良し悪しを見抜くのは簡単ではありません。**こうしたリスクを減らすために、施設をよく知るケアマネや認知症カフェ等で施設を利用した家族から話を聞き、自らも施設を見学し、体験入居を活用しましょう。また、施設の種類によって、施設のケアマネに担当が変わることもあります。

施設への引っ越しは、環境が大きく変わるので、認知症の親にとって負担になります。

認知症に対応した施設

	種類	入居対象（原則）	認知症	特徴
公的施設	特別養護老人ホーム（特養）	要介護3以上	○	入居一時金が不要で、月額料金が安く、終身での利用が可能なため、人気があり待機者も多い
	介護老人保健施設（老健）	要介護1以上	○	専門職によるリハビリで在宅復帰を目指すため、原則は3か月の入居。特養の待機中に、長期間利用する人もいる
	介護療養型医療施設		○	病院とほぼ変わらない。2024年廃止予定
	介護医療院		○	療養型医療施設から介護医療院へ転換。病院のイメージから、生活の場を意識した施設になる
	ケアハウス（軽費老人ホーム）	60歳以上	○	一般型と介護型があり、介護型は特養並みのサービスが受けられるので人気があるが、数が少なく待機期間も長い
民間施設	介護付き有料老人ホーム	65歳以上	△	24時間体制で介護サービスが受けられる。施設ごとに特徴も費用も大きく異なる
	住宅型有料老人ホーム	60歳以上	△	民間施設の多くが、このタイプ。施設内にある介護サービス業者と別途契約が必要
	サービス付き高齢者向け住宅（サ高住）		△	元気な人向けの民間賃貸住宅。安否確認と生活相談サービスのみ法律で義務付け。認知症への対応は施設ごとに差がある
	グループホーム	要支援2以上	○	認知症の人が少人数で暮らす施設 施設のある市区町村に住民票が必要

＊入居対象は施設によって要件が異なります。

○：認知症の人の受け入れ可能
△：施設によって異なる

ポイント

介護施設を次々変えることは、認知症の親にストレスをかけるので、事前に情報を入手して、慎重に施設を選びましょう。

認知症カフェ

25

認知症の介護仲間や地域の情報を見つけられる場所

認知症カフェってどんなところ?

各地域には**認知症カフェ**と呼ばれる、認知症の人とその家族、専門職、地域住民が集まる場があり、その数は全国で７０２３か所（２０１８年現在）あります。認知症カフェは月１回、２時間程度の開催が最も多く、介護施設内や介護経験者の自宅、地域のコミュニティスペースなどで行われていて、行政、介護家族、介護事業者、病院などが運営しています。カフェの内容は、認知症介護の相談、認知症の人が歌や工作などを楽しむプログラム、認知症の知識や介護に関する勉強会など様々で、参加費は無料から数百円程度に設定されています。

認知症カフェの開催は、役所や地域包括支援センター、社会福祉協議会、インターネットなどで情報を入手できます。

認知症カフェは生きた情報の宝庫

認知症カフェに参加すれば、先輩介護者や専門職から、親の住む地域の病院、介護施設、デイサービスなどの口コミや体験談を効率よく集められます。こうした生きた情報はインターネットではあまり見つかりません。**介護仲間と知り合うことで孤独な介護から解放されます**し、自分だけがつらい思いをしているわけではないという安心感も得られます。子が住む地域の認知症カフェに参加すれば、通いで介護している他の介護者に出会えることもあります。

引きこもりがちな認知症の親が、カフェに参加することで、話し相手が見つかり、社会交流が広がることもあります。カフェの運営方針や他の参加者との相性もあるので、**複数の認知症カフェに参加して比較してみる**といいでしょう。

認知症カフェに参加するメリット

認知症の親	・地域との接点を増やせるので、地域で暮らしやすくなる ・認知症の不安が軽減される ・認知症の症状の進行を緩やかにできる ・生きがいや自分らしさを取り戻せる
家族	・他の家族と情報交換ができ、介護の工夫を学べる ・専門職に相談できる ・介護仲間ができ、孤独から解放される ・悩みを吐き出すことができ、気持ちがラクになる ・親が自分以外の人と話す姿を見て、考えるきっかけになる
専門職	・地域住民と介護保険サービスをつなぐ入口ができる ・自分の専門性をどう活かすかを学べる
地域住民	・認知症の人とどう接したらいいか分かる ・認知症の理解を深めることができる ・認知症介護の準備ができる

認知症カフェで行われるプログラム

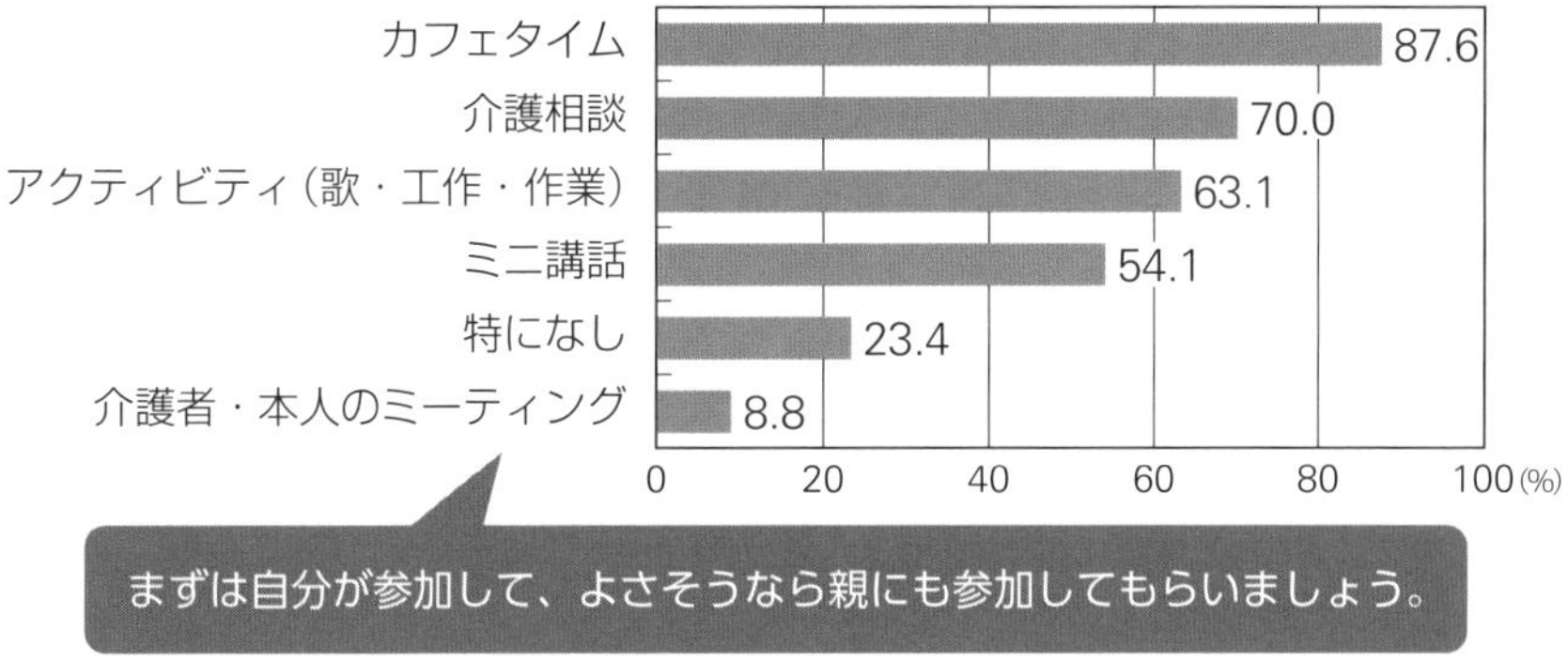

まずは自分が参加して、よさそうなら親にも参加してもらいましょう。

出典：認知症介護研究・研修仙台センター「認知症カフェの実態に関する調査研究事業　報告書」（2017年）

ポイント

認知症カフェで他の介護者とお茶を飲んで話すだけでも、介護者の精神的負担は大きく減ります。

見守りサービス

26 介護保険だけじゃない！民間見守りサービスのいろいろ

安否確認レベルなら民間見守りサービスは有効

民間の**見守りサービス**や**ボランティア**を活用した、親の見守りが可能です。例えば、親が家電等を利用すると、子にメールで安否を知らせるサービスや、月1回程度の対面による訪問型見守りサービスなどがあります。親の様子を電話で確認する煩わしさもないですし、忙しくてなかなか親に会えない人にも便利なサービスです。メールによる見守りサービスは安否確認には有効ですが、親の体調や認知症の症状の変化までは分かりません。訪問型見守りサービスも、スタッフの認知症に対する理解が不十分な場合、訪問時間内で親の異変に気づくことができないため、ただの安否確認と変わりません。

このように、**親をどれだけ深く見守れるか**はサービスによって違います。親に対してそれほど不安を抱えていなければ、安否確認レベルの見守りでも構わないでしょう。しかし不安が大きいようなら、介護保険サービスを活用したり、家族自らが様子を見に行ったりするしかありません。

民間ならではの訪問型見守りサービスの特徴

親の介護の態勢が整い、自分の生活のリズムが決まると、次第に不安は和らぎます。そのため、介護初期は見守りサービスを手厚くし、介護に慣れてきたら、サービスを減らしてもいいかもしれません。

民間の訪問型見守りサービスは、**介護保険サービスでは提供できない部分までサポート**しています。例えば、親の趣味に付き添う、話し相手になる、同居する家族の食事まで用意する、夜間の見守りをするなどのサービスを提供している業者もあります。ただし料金は、介護保険サービスより割高です。

認知症の親の見守りレベル4段階

	レベル1	レベル2	レベル3	レベル4
	機械などによる生存確認	**人による生存確認**	**医療・介護職の見守り**	**家族の見守り**
例	電気やガス使用のお知らせメール	・見守りサービス ・宅配サービス ・ボランティア	訪問看護、訪問介護、訪問リハビリ、ケアマネ	・自ら駆けつける ・電話をする、カメラで見守る
メリット	人に対して気遣いがいらない	人が見守るという安心感	決まった日時に確実に来てくれる	・滞在時間が長い ・少しの異変に気づきやすい
デメリット	親の表情や行動は把握できない	・認知症の知識がない場合がある ・親との相性が悪いこともある	・滞在時間が短く、プロでも親の変化に気づけないこともある	・交通費がかかる ・緊急時に駆けつけられないときがある
家族の不安レベル	小さい	→	→	大きい
信頼レベル	低い	→	→	高い

ポイント

民間の見守りサービスを利用する際は、認知症への理解や見守りの深さまで考えて、契約しましょう。

27

高齢者緊急通報システム

もしものときの緊急サービスのいろいろ

高齢者緊急通報システムを知っておこう

離れて暮らす親が、病気や事故など緊急事態に陥っても、家族がすぐ駆けつけられない不安は常にあります。多くの市区町村には**高齢者緊急通報システム**があり、65歳以上のひとり暮らしの高齢者、または高齢者のみの世帯に対して、自宅の電話機に接続する緊急通報装置や緊急ボタンつきペンダントなどを貸与するサービスがあります。緊急ボタンを押すと、民間の警備会社や消防署に通知がされ、電話確認後に家へ急行します。まずは、親が住む地域の役所に問い合わせて、システムの利用条件を確認してください。すでに民間の見守りサービスを利用している方は、別途費用がかかりますが、オプションで**駆けつけサービス**を利用してもいいでしょう。

また、介護保険で提供される**定期巡回・随時対応型訪問介護看護**では、訪問介護・看護両方のサービスを、日中・夜間の定期巡回と、緊急時に24時間365日、ナースコールのように連絡を取ることができる随時対応が受けられます。認知症で自宅の生活に不安があったり、1日複数回の服薬や食事介助が必要だったりする場合にも有効なサービスですが、対応する事業所数が少ないのが課題です。

いくつもの目で定期的に見守る

これらのシステムは保険にはなりますが、認知症の親がいざというときに、高齢者緊急通報システムの緊急ボタンを忘れずに押せるかは、分かりません。介護保険サービスなど、**人の目による定期的な見守り**を軸に、見守りカメラ等で離れて暮らす親の様子を定期的にチェックするなど、日頃から**いくつもの目で親を見守る**工夫も必要です。

高齢者緊急通報システムの仕組み

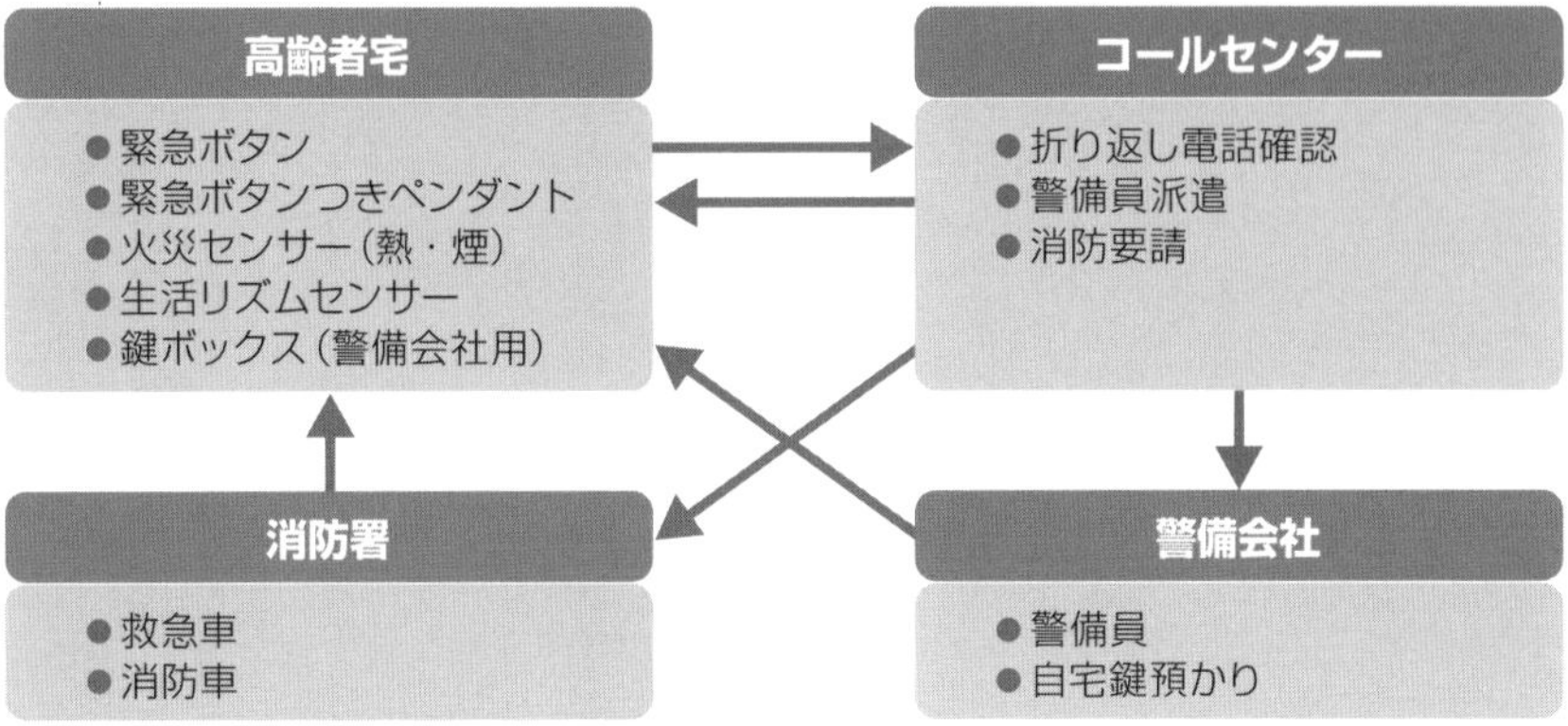

＊高齢者のセンサーの種類は市区町村によって異なる

＊近隣の協力者に連絡がいくことも

緊急対応可能な「目」は複数用意する

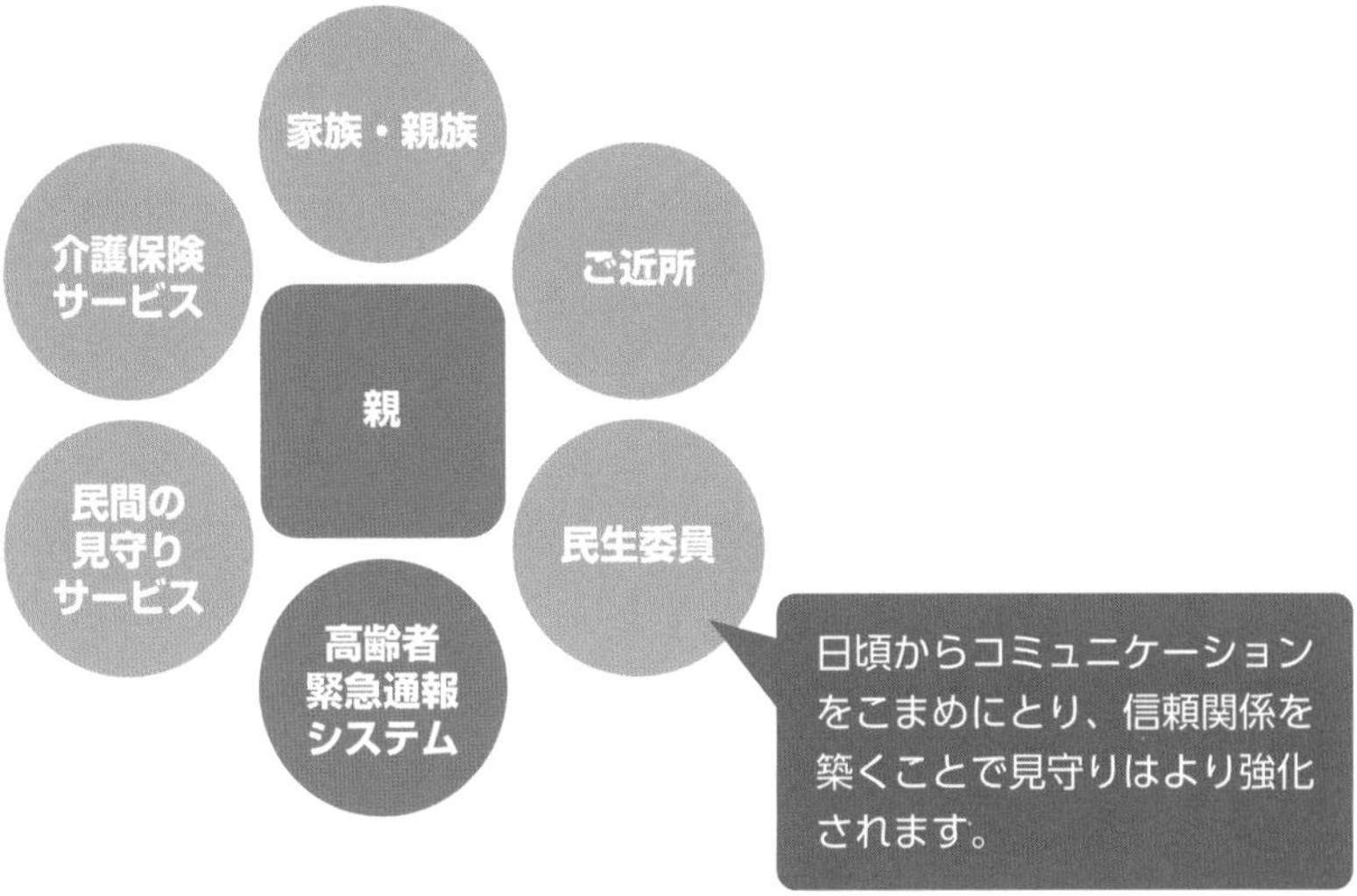

ポイント

緊急サービスはあくまで保険的な役割。複数の目で、親を日常的に見守ることが大切です。

Column

離れて暮らすからこそ気をつけるべき親のひとり歩き（徘徊）

離れて暮らす認知症の親の代表的な心配事として、**ひとり歩き（徘徊）**があります。

「徘徊」とは、目的もなくさまよい歩くという意味ですが、実際は**認知症の人は目的があって外出したものの、道に迷い、目的地が分からなくなる**ことが多いため、認知症当事者などから呼び方を変えて欲しいという声が挙がり、自治体でも徘徊という言葉を使わないところもあります。

警察庁の調査によれば、認知症やその疑いのある行方不明者数は、年間1万6927人(平成30年度)。しかし、約99%は1週間以内に所在が確認されています。それでも、離れて暮らす子は行方不明の親が見つかるまでは、気が気ではありません。

ひとり歩きは、認知症の症状が重い方にも軽い方にもあり、歩行能力が維持されている方に多いです。ひとり歩きをした4割が要介護認定を受けていないというデータからも、介護保険サービスにたどりついていない、あるいは病院を受診していない高齢者が多く存在します。発見までにかかった時間は、半数が9時間未満であり、年齢が若いほど、発見に時間がかかっています。このことからも、ひとり歩きは早期で気づき、通報してすぐ捜索することが大切です。

早期発見のコツは、**認知症高齢者SOS見守りネットワーク**に登録しておくことです。未登録者の発見時間は、登録者の2・72倍かかります。心配な方は、役所や地域包括支援センターに、親の特徴など情報登録をしましょう。

ひとり歩きした家族が起こした事故や火災が原因で、離れた家族に監督・賠償責任を求められることもありましたが、市が保険料を負担して、被害者である市民を補償するところもあります。

3章

離れて暮らす親と気持ちよく過ごすための心得

別居介護

28 離れて介護することのメリット・デメリット

親の一人暮らしはプラスに働くこともある

親と離れて介護することは親にとってもメリットがあります。精神科医の高橋幸男氏は「一人暮らしの認知症の人は、家族と暮らしている人より、**ＢＰＳＤ（行動・心理症状）が軽い**印象がある。興奮や暴力は少ないし、介護拒否も多くない」と述べています。

認知症の症状は、周辺環境に大きく影響されるため、口うるさい家族が近くにいると、親のＢＰＳＤも重くなります。つまり、離れて暮らすことには、症状緩和のメリットがあるのです。また、親自身も認知症の症状には不安があるので、介護保険サービスの利用を拒否せずに、すんなり受け入れてくれる場合が多いです。さらに、子と離れて暮らすということは、親が自分で家事をこなす必要があり、結果として筋力も保たれます。

介護への後悔をリセットできる

親と24時間一緒にいると、つい怒鳴ったり、失敗を責めたりしがちです。そんな自分の言動に後悔し、反省することもあるのですが、同居していなければ、必ず親の家を離れる日がやってきます。そこで一旦、親と距離を置くことでリセットされますし、次に親に会ったときは、優しく接しようという気持ちにもなります。**同居していると、気持ちのリセットが難しく、離れているからこそのメリット**と言えます。

認知症の親と離れて暮らす不安は、あります。しかし、介護保険サービスを利用しながら、親が自立した生活を送ってくれるのなら、ＢＰＳＤが軽くなり、認知症の進行もゆっくりになって、元気でいられる期間は長くなります。離れて暮らすことは、デメリットばかりではなく、メリットもあるのです。

別居介護のメリット・デメリット

人の力に頼ることができ、親の生活も、自分の生活もそれぞれ守りたいという方は、別居介護向きです。

メリット

- 親の認知症の症状が安定する
- 親の介護拒否が少ない
- 人に頼らないと介護が成り立たないので、周囲や社会から孤立しにくい
- 親とケンカをしても、冷却期間を置くことができる
- 自分と親の生活空間を分けることができる
- 親は自立した生活を続けられる

デメリット

- 通いの介護のため、交通費がかかる
- 親が病気で倒れたとき、すぐに駆けつけられない
- 親と離れて暮らしているため、常に不安な気持ちになる
- 親を置いてきてしまう罪悪感がある
- 通いの介護のため、介護できない日も多くなり、自分の家族にも負担をかける

どうしても他人に介護は任せられないという人は、同居で介護したほうがいいでしょう。

ポイント

離れて暮らす親への不安は消えませんが、うまく不安とつきあえると離れて介護するメリットもあります。

29

防火対策

離れて暮らす親の家の火事が心配

火災の原因ベスト3

離れて暮らす親が認知症になると、火の元が心配です。消防庁の調査によると、火災原因の1位は**たばこ**、3位が**こんろ**でした。たばこによる火災の62・5％は、吸い殻だらけの灰皿の不始末や、火種の残ったたばこをゴミ箱に捨てるなど不当な場所への放置が原因でした。たばこを想起させる灰皿やライターをできるだけ家に置かない、難燃性のカーペットやカーテンに変える、紙たばこから加熱式たばこや電子たばこに変えるなどの対策が必要です。

また、こんろによる火災の約半分が、**消し忘れ**によるものでした。ＩＨクッキングヒーターの導入や、自動消火機能のついたガスこんろに変更するなどの対策が必要です。わが家では、自動消火機能つきのガスこんろに変更しました。理由は、ＩＨを選択すると、火が見えない、操作方法が変わる、ＩＨ対応の調理器具に替えないといけないなど、認知症の母が料理をやめてしまうリスクがあったからです。

他にも、灯油ファンヒーターやストーブは、床にモノが散らかっていると、引火してしまう可能性があるため、エアコンの設置を検討しましょう。

住宅用火災警報器の確認を！

消防法により設置が義務化されている**住宅用火災警報器**は、親の家にありますか？　警報器の電池の寿命の目安は**10年**と言われているので、定期的に動作確認をしましょう。また、認知症の親の注意力低下を考え、1台の警報器が火災を感知すると、他の部屋の警報器も連動して通知する**連動型**にしたり、音や光で火災を知らせる**補助警報装置**を設置したりすれば、親の逃げ遅れリスクを減らせます。

主な出火原因別の出火件数

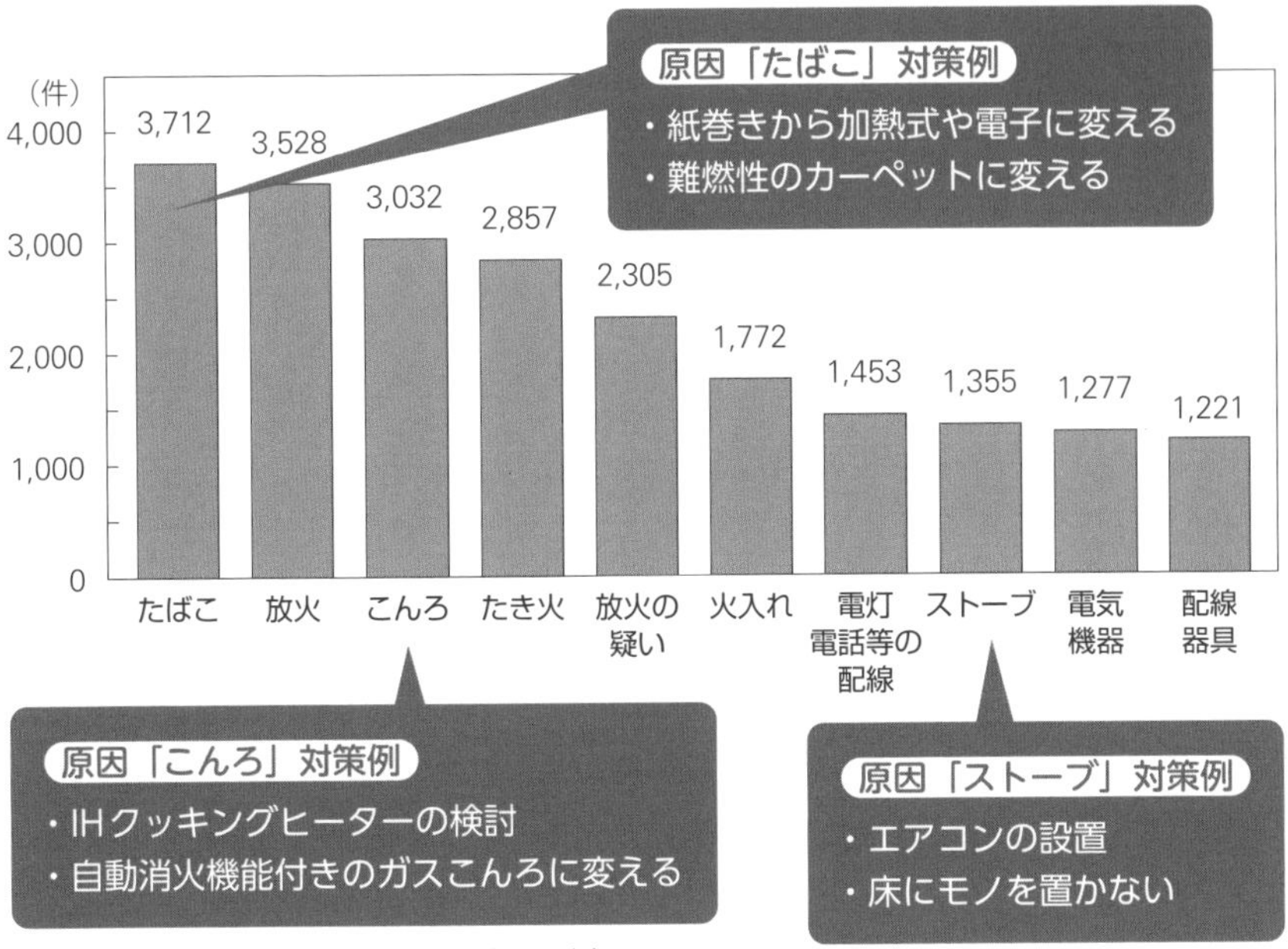

出典：消防庁「平成30年版　消防白書」（2019年）

連動型の火災警報器

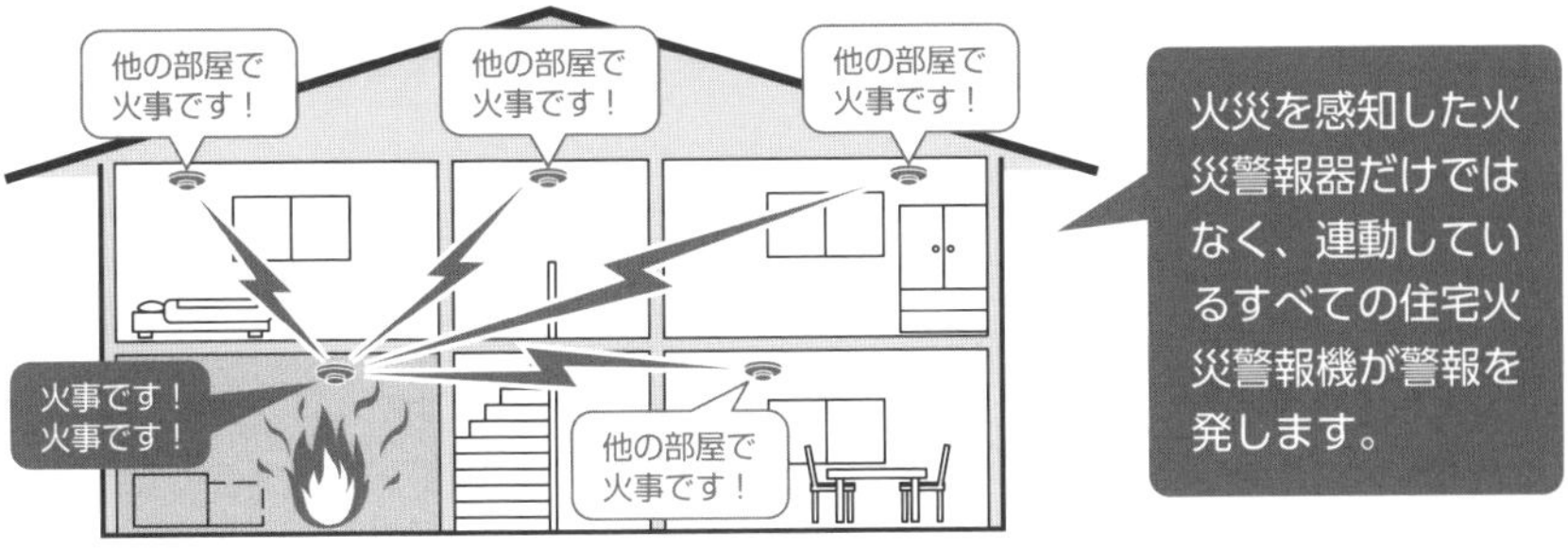

ポイント

火災の主な原因はたばこの火の不始末、こんろの消し忘れ。住宅用火災警報器の電池寿命も確認を！

30

防災対策

認知症の親を自然災害からどう守るか

確認しておきたいハザードマップ

台風や地震などの自然災害に、離れて暮らす親が見舞われる可能性があります。**ハザードマップ**とは、自然災害による被害の軽減や防災対策に使用する目的で、被災想定区域や避難場所・経路など防災関係施設の位置を表示した地図のことで、洪水・噴火・地震・津波・液状化の災害リスクが示されています。**親の家や介護施設のある場所が、ハザードマップでどう表記されているか確認**しましょう。次に、親が暮らす市区町村の**避難行動要支援者名簿**に登録しておきましょう。登録には、個人情報の提供への同意が必要になるので、子がサポートしてください。

防災は公助・共助・自助

防災には、自治体や警察・消防などの**公助**、周りの人と助けあう**共助**、自分の身を守る**自助**があります。猛烈な台風で家から出られないとき、公助や共助だけを頼りにしていては、離れて暮らす親を守れません。緊急時に子がどう行動するか、非常袋の準備や避難ルートの確認なども必要でしょう。

万が一、認知症の親が避難所生活を強いられてしまった場合、**生活できる限界日数は平均で3・11日**という調査結果があります。急激な環境の変化にとまどい、不穏になったり、ひとり歩きを始めたりする方もいますし、特に認知症の人へのおむつ交換のスペース確保や落ち着いて排泄できる場所がないなどの排泄面で苦労を強いられます。

一般避難所での生活が困難な高齢者のための、**福祉避難所**が開設されることもあります。最初からある一次避難所ではなく、二次避難所として開設されるので、最初は一次避難所へ逃げてください。

災害に対する準備と対策

地震・津波	・津波避難場所、津波避難ビルの確認 ・家具の転倒や落下を防止する対策 ・寝室に倒れる家具を置かない ・高台の確認
台風・洪水	・台風の進路の確認 ・進路予報を見て、親のもとへ行くか決める ・風で飛ばされそうなものを片づける ・窓ガラスに飛散防止のフィルムを貼る
災害への準備	・ハザードマップの確認 ・一次避難場所、広域避難場所、避難所の確認 ・避難ルートの確認 ・非常用品の準備（介護用品、お薬手帳、パーティション） ・市区町村の震災対策助成金を調べる
安否確認の方法	・災害用伝言ダイヤル（171） ・災害用伝言板web171で検索（パソコン） ・携帯各社専用メニュー、公式アプリ（スマートフォン） ・J-anpi（安否まとめサイト）
情報収集	・NHK防災アプリ ・市区町村公式Twitter

ポイント

災害時の公助や共助には限界があります。自分の親は自分が守るという自助の意識も忘れずに！

31

親家片

ゴミ屋敷化する前に、親の家を片づける

親の家を片づけるには時間もストレスもかかる

認知症の親の介護が始まると、必ず親の家を片づける（**親家片**《おやかた》）日がやってきます。例えば、親の認知症が進行して、片づけが難しくなり、家がゴミ屋敷化してしまったときや、親を子の近くに呼び寄せて、家のモノがいらなくなったとき、施設への入居が決まったとき、遺品整理のときなどに家の片づけが必要になります。

親家片は、単なるモノの片づけとは違い、親の思い出と向き合う時間です。親子の思い出の品を大切に取っておいてくれた親への感謝の気持ちだけでなく、同じモノばかり購入している、不要なモノを捨てずに保管している親への怒りなど、家にある膨大な量のモノに対して、喜怒哀楽の感情がうごめいたり、認知症の進行を感じたりする作業が親家片です。

遺品整理ならば、子がモノを廃棄するかしないかを自由に判断できますが、親が生きていると「もったいない」といって片づけられず、親の説得が必要になりますし、ときにはケンカにもなります。

思い出の品は大切にとっておく

家具の配置が変わったり、使い慣れたモノがなくなったりすると、**認知症の親が混乱する可能性もあります**。一方で、家のモノが多すぎると、整理整頓ができずに、床にモノが散らかって、転倒のリスクが高まります。親の安全を確保しつつ、生活環境を急に変え過ぎないよう、バランスを取りながら時間のあるときに少しずつ片づけてください。

大切にしていた思い出の品に触れることで、親の気持ちが安定し、脳が活性化するので（**回想法**といいます）、廃棄せずにとっておきましょう。

親の家の片づけ　チェックリスト

全ての部屋を一度に片づけようとせず、特定のエリアを決めて、少しずつ片づけていきましょう。

準備	□	モノであふれた親の家全体の状況をチェックする
	□	食器棚の整理ができていない、床がモノで散らかっているなど、今困っているエリアを特定する
	□	親の住む地域のゴミ分別ルールを確認する
	□	親の住む地域の粗大ゴミの出し方について確認する
	□	親にとっての思い出の品(捨てたくないもの)は何かを特定する
	□	上記をまとめて、親家片計画を立てる
実践	□	ゴミ収集日に合わせて、親の家に帰る
	□	特定したエリアから、分別ルールに従って片づける
	□	粗大ごみの収集の手配をする
	□	粗大ごみを収集センターへ持ち込む
	□	遺品整理業者に生前整理を依頼する(不用品の買取や査定も併せて行う)

どうしても親と折り合いがつかない場合、認知症の親の安全性や自立した生活を確保するために、子の判断で片づけが必要になる場合もあります。

ポイント

認知症の親の大切な思い出の品は残しながらも、不要なものは少しずつ整理して、住みやすい環境を整えましょう。

ハイシーズンの介護のデメリット

32 正月やお盆を避けて介護する3つの理由

正月やお盆にできないこと

年末年始やお盆くらいしかまとまった休みが取れないので、そうした時期に実家に帰って親の様子を確認したり、介護施設にいる親を一時的に家に帰したり自宅に引き取ったりする方もいると思います。

わたしは、正月やお盆をなるべく避けて親の介護をしています。理由は3つあり、1つ目は、**交通費の節約**です。正月・お盆などハイシーズンは、通常なら使える割引がきかなかったり、ハイシーズン価格が設定されたりします。また、新幹線回数券は、この時期は利用できません。駅や空港は混雑して疲れますし、高速道路も渋滞で、いつも以上に移動に時間がかかります。2つ目は、**銀行、病院、役所がお休み**で何もできないので、改めて平日に親のもとへ帰らなくてはならないからです。3つ目は、正月やお盆に介護施設やデイサービスが利用できる場合、正月の福笑いなど、自宅では難しい季節感のあるイベントが実施されているのに、あえてその時期に自宅へ連れて帰らなくてもいいと考えるからです。

ハイシーズン前後の平日に休む

長期の休みの際に会った親の変化、家の変化に気づいていながら、仕事が忙しく、次の長期休みまでの間に、認知症が進行することもあります。どうしてもハイシーズンにしか休みが取れない場合は、暦どおりに休み、休み明けの平日に、追加で休みを取りましょう。

頻繁に通えない人ほど、親に会うわずかな時間は貴重です。通院の介助をする、包括に行く、役所の手続きを終わらせるなどスケジューリングをして、平日の時間を有効に活用しましょう。

ハイシーズンには……

- 交通費が多くかかる
- 銀行、病院、役所が休業している
- 施設が特別なイベントをやってくれる

これらの理由から帰省は避けたほうがいいです。

運賃が安くなるシーズン

飛行機	正月明け～ 2月 4月上旬～中旬 GW明け～ 6月 10月
新幹線	閑散期、繁忙期、通常期があり、通常期の指定料金に± 200円の差がある

早めの予約により割引率がアップする早期割引もあります。

平日にしかできないことリスト

- □ 役所で手続きをする
- □ 地域包括支援センターへ行く
- □ 銀行で手続きをする
- □ 親を病院へ連れて行く
- □ 親を健康診断や人間ドックへ連れて行く
- □ 親家片をし、ゴミを出す

地域や施設によっては、土日対応しているところもあります。

ポイント

頻繁に通えない人ほど、役所や病院が開いている平日を狙って、帰りましょう。

春夏秋冬の介護

33 季節別 離れて暮らす親の介護の注意点

季節の変わり目を狙って家へ帰る

なかなか親のもとへ帰れない方は、**季節の変わり目**を狙って帰りましょう。認知症が進行すると、季節感がなくなることもあるので、季節が変わる前にエアコンの掃除や暖房器具の準備をしましょう。

季節の変わり目は、気温の変化に対応できずに、風邪をひきやすくなります。免疫力が低下している高齢の親は、風邪から肺炎などの合併症を引き起こしたり、重症化から要介護度が上がったりするので、注意が必要です。また、親のもとへ通う子も、寒暖差にやられて体調を崩しがちです。**日頃から親が暮らす地域の気温や湿度の変化をチェック**しましょう。

注意したい季節別の認知症介護

左表は、季節ごとにおさえておきたい認知症介護の注意点と介護で準備すべきことをまとめたものです。気温や日照量の変化によって、ＢＰＳＤにも変化が生じます。自分の親が季節によって、どのような症状が出やすいかを把握しておきましょう。

介護の準備で特に大切なことは、**衣替え**です。高齢者は体温調節能力が落ちていますし、認知症で季節が分からなくなることもあります。真夏に厚手の服を着て熱中症になったり、冬に薄手の服を着て風邪をひいたりすることのないよう、季節に合った着慣れた服を用意し、季節外れの服は、目につかない場所に片づけるようにしましょう。

また、冬のインフルエンザ対策が必要になるのは、介護施設や病院、デイサービスなど外出先だけではありません。訪問医療・介護職の方が感染源になることもありえるので、早めに親に予防接種を受けさせ、加湿器の準備をしましょう。

季節別　認知症介護の注意点

季節	注意点	生活環境の準備
春 （3月～5月）	・温度が安定せず、自律神経バランスが崩れ、精神的に不安定になる ・精神の不安定さが原因で、BPSDやひとり歩き（徘徊）が増える	・エアコン工事の依頼 ・エアコンの掃除 ・扇風機の準備 ・夏服の準備
夏 （6月～9月）	・脱水症状によって、認知症が一気に進行する ・汗により、おむつがかぶれる ・ベッドや車いすによる床ずれが起きやすい ・季節感がなく、重ね着をして熱中症になる	・梅雨の湿気対策 ・熱中症の対策
秋 （10月～11月）	・天気が変わりやすく、急激な気圧低下によって喘息などになりやすい	・インフルエンザ予防接種 ・暖房器具の準備 ・冬服の準備
冬 （12月～2月）	・ヒートショック ・薄着のまま、外へ飛び出してしまう ・こたつに入ったまま動かず、活動量・運動量が減少することで、廃用症候群が起こる ・空気が乾燥しているため、脱水症状が起こりやすい ・日照時間の減少によって、抑うつ状態になりやすい	・乾燥対策（加湿器、火災） ・積雪対策 ・マスク、スキンケア準備

ポイント

季節の変わり目は寒暖差が大きく、親も子も体調を崩しがちです。対策をしっかりしましょう。

介護のルーティーン化

34 自分の生活環境も大切にする

親のもとへ帰るリズムをつくる

親を長期で支えていくためには、介護に関わる**子とその家族の生活環境を整える**ことも大切です。介護で家を空けることになれば、家事や育児の役割分担が変わります。また、介護と仕事の両立で収入が減れば、家計全体の見直しが必要になります。

介護初期は、介護の態勢が整っていないので、親の家を頻繁に訪問し、滞在する必要があります。しかし、親の生活パターンを把握し、ケアマネに相談して、ヘルパーやデイサービスなどの利用が始まれば、通う回数も介護負担も減って、子の生活も変化していきます。**介護のリズム**ができれば、介護をしない他の家族も予定が立てやすくなり、家事や育児のサポートがしやすくなります。

認知症の親の状態や介護の態勢が流動的なうちは、子やその家族も落ち着きません。しかし安定してくると、あれこれ考えたり、悩んだりすることが減り、**介護がルーティーン化**され、自然と体が動くようになっていきます。

独身の介護者は防犯対策が大事

独身の介護者は、自分の家の**防犯対策**を忘れないでください。長期で留守にする場合、新聞や郵便物を止めておかないと、ポストがいっぱいになって、空き巣に狙われやすくなります。また、不在を悟られないよう、豆電球など小さな照明をつけたり、鍵の対策をしたりするなどの防犯対策も有効です。

独身の介護者は、家事を誰かに任せるわけにはいかないので、負担は大きくなりますが、早く生活のリズムをつくって、介護をルーティーン化しましょう。

介護のリズム作りの例

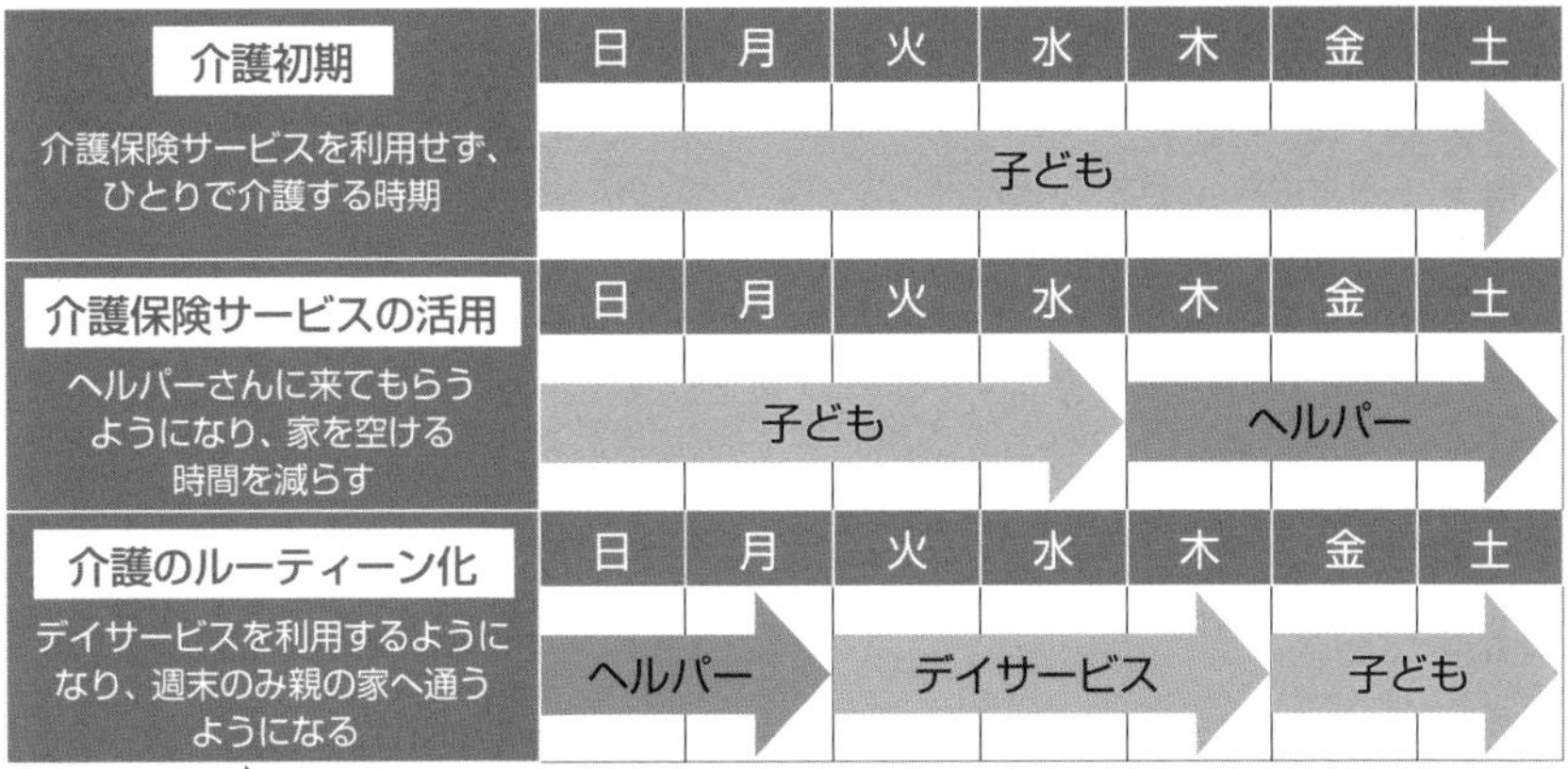

介護保険サービスを利用して、ルーティーン化を進めましょう。決まった日や曜日に家を空けるというリズムを、家族にも理解してもらいましょう。

独身の介護者が注意すべきこと

- 郵便物は止めておく
- 鍵は二重ロック
- 照明をつけておく
- 冷蔵庫の消費期限確認
- 侵入窃盗は３階以上の共同住宅が安心

出典：警察庁「住まいる防犯110番」ホームページより著者作成

ポイント

一定のリズムで親の家に帰ると、自分も家族も生活のリズムがつくりやすく、介護がラクになります。

同居介護・遠距離介護

35 認知症の親を呼び寄せる？ それとも故郷へUターン？

呼び寄せは認知症進行のリスクもある

親の認知症が悪化したり、子が介護で通うことに疲れてしまったり、親と離れて暮らすことが不安でたまらないなどの理由で、認知症の親を子が住む地域に**呼び寄せる**こともあります。子の不安は解消されますし、交通費や移動時間も削減され、緊急時にすぐ対応できるメリットもありますが、親はどう感じるのでしょうか？

親を呼び寄せることで、住環境が大きく変化し、心身ともにストレスを感じる状態を、**リロケーションダメージ**といいます。特に認知症の場合、子の家に引っ越した途端、トイレの場所が変わって失敗が増えたり、仲のいいご近所や地域サークルとの付き合いがなくなって引きこもったりすることもあります。聞き慣れた方言が聞こえない、知らない道だらけで歩けないなど、新しい環境にとまどい、ストレスにさらされるようになります。介護施設に入居したり、災害等で避難所生活を余儀なくされたりした人も、呼び寄せと同じように住環境が大きく変わるため、リロケーションダメージが起こります。**認知症の親にとって、新しいことを覚えたり、環境に慣れたりするのは、不安や恐怖との戦い**なのです。

親と同居するデメリット

親を呼び寄せたり、介護のために自分が実家へ帰って同居を始めたりすると、ヘルパーからの生活援助を受けられなくなる場合もあります。また、特別養護老人ホームへの入居の優先順位が下がり、待ち時間が長くなります。不安解消を優先するか、介護保険サービスの利用や施設の入居を優先するか、担当ケアマネとよく話し合って決めてください。

7つの介護場所のメリット・デメリット（○はメリット、×はデメリット）

	通い	同居	近居	施設
親の居住地	○親の自立が保たれる ○親子とも今の生活を維持できる ○特養入居の優先順位が上がる ×交通費がかかる ×離れていて不安である ×移動で疲れる	○子の不安が解消される ○緊急時に対応しやすい ○親は慣れた環境で生活できる ×子の引っ越しで新しい仕事探し ×特養入居の優先順位が下がる ×利用できない介護サービスも	○子の不安が解消される ○緊急時に対応しやすい ○親は慣れた環境で生活できる ×子の引っ越しで新しい仕事探し ×住居にかかる費用が新たに発生する	○離れていて不安でも、見てもらえる ×施設費用がかかる ×交通費がかかる
子の居住地		○子の不安が解消される ○緊急時に対応しやすい ×親が新しい環境に慣れない ×特養の優先順位が下がる ×担当ケアマネが変わる ×介護サービスが変わる ×住民票など手続きが大変	○子の不安が解消される ○緊急時に対応しやすい ○子の生活は維持できる ×親が新しい環境に慣れない ×担当ケアマネが変わる ×介護サービスが変わる ×住民票など手続きが大変 ×住居にかかる費用が新たに発生する	○子の不安が解消される ○緊急時に対応しやすい ○子の生活は維持できる ×親が新しい環境に慣れない ×住民票など手続きが大変 ×施設費用がかかる

引っ越し先でも要介護認定を引き継げます。

住所地特例対象施設に入居する場合は、親が住んでいた自治体の介護保険のまま施設入居できるため、保険料は変わりません。

ポイント

親の呼び寄せは、リロケーションダメージなどのデメリットもあります。ケアマネとよく相談してから、決めましょう。

介護者の無力感

36 離れて暮らす親への罪悪感はどう解消する？

離れていると何もしてあげられない罪悪感

離れて暮らす親の介護をしていると、会いに行けない、一緒にいてあげられない、ご近所や介護スタッフに世話になりっぱなしで申し訳ないといった**罪悪感**が生まれやすくなります。罪悪感を解消しようにも、自分の仕事や家庭を優先してしまうため、介護が先送りになりますし、認知症が進行する親の姿から目を背け、ますます足が遠のき、罪悪感や無力感が増えていきがちです。

わたしの講演会に参加した、全国の介護者の話を聞いていると、罪悪感の根源は**マイルール**にあると感じます。自分から見る周りの目や自分の中にある道徳観などから、自分自身を責め、苦しんでいる方が多くいます。介護は他人に頼らず家族がやるべき、施設ではなく家で介護するべき、嫁や女性が介護するべきなど、抱えきれないほどの「べき」で自分自身を縛っています。しかし、その「べき」は、本当に正しいのでしょうか？　親は、子が自分の人生を犠牲にしてまで、介護して欲しいと思っているのでしょうか？

マイルールに縛られない介護をする

親と離れ、身体的な介護ができなくても、やれることはたくさんあります。例えば、介護保険サービスの手配をしたり、本書にある制度の手続きを進めたり、経済的に支援することもできます。マメに連絡することも立派な介護です。

自分の中にある、たくさんの「べき」を解放し、**他人や親族、世間体を気にせず、自分たち親子だけの理想の介護の形を見つけてください**。介護で苦しむ子の姿を、親は喜ばないと思います。

介護におけるマイルールの例

施設に預けず
自宅で介護は
やるべき
介護は
長男長女が
やるべき
家族だけで
親の介護は
するべき
マイルール
認知症に
なったら即、施設
に預けるべき
介護は女性や
嫁がやるべき
仕事を辞めて、
介護に専念
するべき

地域包括支援センターに相談したり、認知症カフェで他の介護者の話を聞いたり、自分で介護の勉強をしたりすると、マイルールの間違いに気づきます。

離れていてもできる介護の例

- 親とマメに連絡を取り合う
- 介護保険サービスの手配をする
- 介護に関する情報を収集する
- 親と同居中の介護者をサポートする
- 親を経済的に支援する

ポイント

マイルールを解放して、世間体など周りに縛られない自分たちだけの介護のカタチを見つけましょう。

Column

世代によって認知症のとらえ方は違う

認知症のこれまでの歴史を理解する

かつて認知症が**痴呆症**と呼ばれていた時代、病院や施設では、認知症の人を身体拘束したり、隔離したりして、人間としての尊厳すら保たれていませんでした。そういった時代が長かったためか、**未だに認知症の人に対しての差別や偏見はなくなっていません。**

25ページにある、認知症当事者の団体が発表した『認知症とともに生きる希望宣言』には、認知症になったら、何も分からない、何もできない人になるわけではないという当事者の声が書いてありますが、実際に認知症の人と接した経験がなければ、イメージが湧かないかもしれません。

左表に、これまでの国の認知症政策と、それによって社会はどう変わっていったかという認知症の歴史をまとめました。

親族や知人の中には、痴呆症と呼ばれた時代のイメージのままという方もいます。

認知症介護は少しずつ進化している

認知症の人らしさ、本人の意思を尊重した認知症介護へ変わりつつある現代であっても、「さっさと精神科病院に入れればいい」と言ったり、「痴呆の人」と差別的な表現を使ったりする人はいます。

隔離や身体拘束が当たり前だった時代から比べれば、現代の認知症介護は大きく進歩しましたが、すべての人に認知症への理解を求めるのは、これから先も難しいかもしれません。

そうだとしても、認知症のこれまでの歴史を知っておくことで、歩みは遅くとも少しずつ認知症介護が進化していることを理解してください。

認知症の歴史

年代	主な出来事	認知症の人への対応
1960〜70年代	・老人病院の急増 ・小説「恍惚の人（有吉佐和子）」出版。痴呆が社会問題として認知される	＜何も分からなくなった人＞ 収容・隔離・身体拘束
1980年代	・「呆け老人をかかえる家族の会」発足 ・特養ホームで痴呆症の人の受け入れ開始 ・介護福祉士、社会福祉士の誕生	＜精神の病気の人＞ 医療・治療対象
1990年代	・宅老所、グループホームが広がる ・厚生省から身体拘束禁止が打ち出される ・国内初の抗認知症薬登場	＜介護の対象の人＞ 介護・生活支援の対象
2000年代	・介護保険制度スタート ・地域包括支援センター設立 ・痴呆症から認知症に名称が変わる	＜普通の人＞ できないことを支援 自分らしい生き方模索
2010年代	・抗認知症薬が新たに3種類追加 ・日本認知症ワーキンググループ（JDWG）設立 ・厚生労働省新オレンジプラン策定 ・認知症ケアパスの作成、普及	・ユマニチュード、パーソン・センタード・ケアに注目集まる

参考文献：宮崎和加子著『認知症の人の歴史を学びませんか』（中央法規出版、2011年）より著者が表作成

ポイント

認知症介護は進化していますが、痴呆症と呼ばれた時代のイメージのままでいる親族や知人はまだまだいると思います。

Column

嫁や娘が介護する時代ではなくなった

一昔前までは、介護は女性の役割とされ、妻が夫の両親を、娘が実の両親の面倒をみるのは当たり前という時代もありました。

厚生労働省の「国民生活基礎調査」（2016年）によると、**子の配偶者が介護をしている割合は、9・7%**まで減少しています。もはや、自分の親の介護は妻に任せるのではなく、夫自身が面倒をみる時代に突入しています。背景には、少子化できょうだいが減り、自分以外に介護要員がいない、親と同居する世帯が減り、義理の両親との距離が遠いということもあります。

わが家の場合、岩手の父、母、祖母の介護は、わたしの役割で、妻は全く介護をしていません。ただ、わたしが東京の家を空けることが多くなったので、その間の家事などは妻にお願いしています。

実は、夫婦同時に遠距離介護を行っていた時期があり、妻は富山にいる自分の母を、わたしが岩手の家族を、それぞれ介護していました。残念ながらわたしは、義母の介護のサポートまで手は回りませんでしたが、それぞれの介護の知識を情報交換できるというメリットはありました。また、妻が東京の家を空けたときにやるべき家事をマスターしたので、わたしの家事力も大幅にアップしました。

地域や世代によっては、まだまだ義理の娘（＝嫁）が介護をするものと考えている方は多くいますし、自分たちの世代は嫁が介護していたから、下の世代も同じと考える人もいます。

しかし、女性の社会進出が進み、共働き世帯が増え、2000年からは介護保険制度が始まり、家族だけで親を支える介護ではなくなっています。もはや女性だから、嫁、娘だからという理由だけで、介護を丸投げする時代ではなくなりました。

4章

離れて暮らす親の介護の「お金」のこと

介護費用のシミュレーション

37 親の収入と支出、財産を把握する

親の収支を把握して、親のお金を介護費用に

　離れて暮らす親の収入と支出を把握しておかないと、介護方針が決められないばかりか、子の家計にも影響します。厚生労働省の国民生活基礎調査によると、65歳以上の**高齢者世帯の51・1%が、年金のみの収入で生活している**ことが分かりました（2018年）。現在支給されている国民年金、厚生年金の平均額は左表のとおりです。次いで多い所得は、働いて得た収入、さらに不動産による収入や株式の配当などもあります。年金を補填するために入った、個人年金保険による収入もあるかもしれません。

　年金のみで生活する高齢者の割合は多いものの、不動産や預貯金など、老後に備えた財産まで含めて確認したうえで、できるだけ**親のお金を介護費用に充てる**ことを考えましょう。

認知症介護を在宅で行ったときの1か月の費用

　認知症介護を、在宅で行った場合の1か月の費用の目安は左表のとおりです。親の毎月の収支がマイナスの場合、親の預貯金の切り崩しや、子が介護費用を負担することにもなり、子の家計に大きな影響を与えます。特に施設の利用は、在宅介護以上にお金がかかるので、親の収支と財産状況を把握してからでないと、簡単には決められません。

　ある調査会社のデータによると、**親の預貯金を把握している50代は約4割、60代で約5割**でした。年齢が上がるにつれ、割合が多くなることからも、介護がきっかけで親の預貯金を把握する方が多いようです。親に聞きづらいことではありますが、細かい金額まで分からなくとも、子が介護費用を捻出する必要があるかだけでも確認してみてください。

1か月あたりの親の年金支給額（平均）

	年金支給額（円）
国民年金（自営業者／専業主婦）	55,809
厚生年金（男性：給与所得者）	163,840
厚生年金（女性：給与所得者）	102,558

「自営業・専業主婦」と「会社員・公務員」とでは、約2～3倍の支給差があります。

出典：厚生労働省年金局「平成30年度　厚生年金保険・国民年金事業の概況」（2019年）より著者作成

認知症の状態別費用（在宅介護：1か月）

単位（円）

	軽度認知症	中度認知症	重度認知症
要介護1・2	39,171	41,893	28,445
要介護3	68,386	74,533	53,911
要介護4・5	34,572	67,331	70,409

国民年金のみの収入でも、在宅介護なら介護費用はほぼまかなえます。

・一般的に介護度が高くなるほど、介護費用は増えます。しかし各介護度の限度額を超え、自己負担10割の介護保険サービスを利用したものや、介護保険外のサービスを使った世帯のデータも含まれています。

・介護保険サービスの利用料、介護用品代（おむつ・パッドなど）、離れて暮らす親の介護の交通費、病院代が含まれます。

・「高額医療・高額介護合算療養費制度」などの制度や自治体による補助などを利用していれば、最終的な負担は軽減されていることもあります。

出典：公益財団法人 家計経済研究所「在宅介護のお金と負担　2016年調査結果」（2016年）より著者作成

ポイント

親の収支を把握しないと、介護方針が決められません。早めに親の収支・財産を確認しておきましょう。

高額療養費制度

38 親の病院代を抑える工夫

医療費の家計負担を抑える

認知症は基本的には根治しないため、長期の通院が必要となり、医療費の家計負担が重くなりがちです。**高額療養費制度**を利用すれば、医療機関や薬局の窓口で支払う1か月の医療費が一定の限度額を超えた場合、その超えた額が支給されます。75歳以上の後期高齢者の場合、初めて支給対象となると申請書が届きます。1度申請すると、以降は申請が不要になります。また、治療が始まる前に、親が国民健康保険や後期高齢者医療制度を利用しているなら市区町村の窓口に、健康保険組合ならその組合に申請して、**限度額適用認定証**（所得の区分によっては、限度額適用認定・標準負担額減額認定証）を入手しましょう。医療機関の窓口に提出しておけば、支払い自体が限度額までになります。入院の際、病院側から説明がある場合もあります。事後申請の場合、払い戻しまで3か月程度かかることもあります。入院中の食事、差額ベッド代、先進医療の費用は、高額療養費制度の対象外となります。

親の年齢と所得、家族構成で変わる自己負担額

親の年齢と所得、同一世帯に家族がいるか、入院か外来の組み合わせによって、自己負担額は変わります。また、過去1年間に、高額療養費に該当する月が3回以上になると**多数回該当**となり、4回目からの自己負担額が減ります。

高額療養費は、暦月ベース（1日から末日まで）で計算されます。例えば、20日から翌月20日まで**月またぎ**で入院した高額療養費の計算は2か月に分かれます。1か月だけ高額療養費制度の対象になる場合や、両月とも制度対象外になることもあります。

70歳以上の自己負担上限額

<table>
<tr><th colspan="2">適用区分</th><th>外来（個人ごと）</th><th>ひと月の上限額（世帯ごと）</th></tr>
<tr><td rowspan="3">現役並み</td><td>年収1,160万～
標報83万円以上／課税所得690万円以上</td><td colspan="2">252,600円＋（医療費－842,000）×1％</td></tr>
<tr><td>年収770万～約1,160万円
標報53万円以上／課税所得380万円以上</td><td colspan="2">167,400円＋（医療費－558,000）×1％</td></tr>
<tr><td>年収370万～約770万円
標報28万円以上／課税所得145万円以上</td><td colspan="2">80,100円＋（医療費－267,000）×1％</td></tr>
<tr><td>一般</td><td>年収156万～約370万円
標報26万円以下
課税所得145万円未満等</td><td>18,000円
〔年14万4千円〕</td><td>57,600円</td></tr>
<tr><td rowspan="2">住民税非課税等</td><td>Ⅱ 住民税非課税世帯</td><td rowspan="2">8,000円</td><td>24,600円</td></tr>
<tr><td>Ⅰ 住民税非課税世帯
（年金収入80万円以下など）</td><td>15,000円</td></tr>
</table>

＊70歳未満の上限額は、別途設定されています。

出典：厚生労働省保険局「高額療養費制度を利用される皆さまへ（平成30年8月診療分から）」

高額療養費の自己負担額の計算方法

<例>70歳以上・年収約370万円～770万円の場合（3割負担）

医療費（100万円）

窓口負担　3割（30万円） ｜ 7割（70万円）

高額療養費制度 ｜ 自己負担限度額 ｜ 公的医療保険制度により、医療費の7割は負担なし

自己負担限度額：
80,100円＋（100万円－267,000円）×1％＝87,430円

高額療養費：
窓口負担30万円－自己負担限度額87,430円＝212,570円
（患者負担はありません）

ポイント

親の年齢、所得、家族構成、入院・外来の組み合わせによって、高額療養費制度の上限額は変わります。

39 介護保険サービスの支給限度額について知る

要介護度ごとの支給限度額

介護保険サービス費用は、左表のとおり要介護度ごとに1か月の**支給限度額**が決まっています。さらに本人の所得と、世帯所得によって、自己負担額の割合が1割から3割まで変わります。

要介護度が高いほうが支給限度額は増えるので、利用できるサービスは増えます。支給限度額を上回ってサービスを利用した場合は、全額自己負担となります。また、**福祉用具の購入・住宅改修**については、要介護度にかかわらず、別途支給限度額が設けられており、福祉用具の購入は4月1日から1年間で年間10万円、住宅改修は1つの住宅につき20万円です。

毎年6～7月頃に、市区町村から負担割合が記された**負担割合証**が交付され、親の負担割合がわかります。介護保険サービスを利用するときに、介護保険被保険者証と負担割合証の2枚を、サービス事業者や施設に提出する必要があります。

要介護度が高いからと言って得なわけではない

要介護度が高いほうが、支給限度額が増えるので、できるだけ高い介護度で認定されたほうがいいと考えがちです。しかし、要介護度が上がると、特養などの施設サービスや、デイサービス、ショートステイなどの**基本料金も一緒に高くなる**ものもあります。その分、自己負担の金額も増えてしまうのです。

支給限度額を超えるほど介護保険サービスを利用しているのであれば、今の要介護度が親と合っていないのかもしれません。その場合は、**区分変更**で経済的負担が減るかもしれないので、担当ケアマネに相談してみましょう。

要介護度別の支給限度額と自己負担額（65歳以上）

本人の合計所得金額		160万円未満	160万円以上220万円未満		220万円以上		
年金収入＋その他合計所得金額の合計	単身世帯		280万円未満	280万円以上	280万円未満	280万円以上340万円未満	340万円以上
	2人以上世帯		346万円未満	346万円以上	346万円未満	346万円以上463万円未満	463万円以上
要介護度	支給限度額（月額）	自己負担額（月額） 単位：円					
		1割負担	1割負担	2割負担	1割負担	2割負担	3割負担
要支援1	50,030	5,003	5,003	10,006	5,003	10,006	15,009
要支援2	104,730	10,473	10,473	20,946	10,473	20,946	31,419
要介護1	166,920	16,692	16,692	33,384	16,692	33,384	50,076
要介護2	196,160	19,616	19,616	39,232	19,616	39,232	58,848
要介護3	269,310	26,931	26,931	53,862	26,931	53,862	80,793
要介護4	308,060	30,806	30,806	61,612	30,806	61,612	92,418
要介護5	360,650	36,065	36,065	72,130	36,065	72,130	108,195

介護度が1上がるごとに、限度額が約5万円増え、サービスを多く利用できます。

出典：厚生労働省資料（2018年）より著者作成

ポイント

介護保険サービスを利用するうえで、要介護度が高いほうが必ずしも得というわけではありません。

40

高額介護サービス費

介護保険サービスの費用を抑える工夫

介護保険サービスの利用料には上限がある

高額介護サービス費とは、介護保険サービスを利用する際、1か月に支払った利用者負担の合計が上限額を超えたときに、超えた分のお金が払い戻される制度です。同じ介護であっても、介護施設やデイサービスなどの利用が増える**認知症介護は、介護費用がかかります。**自治体によっては、親が制度の対象になれば、自動的にお知らせと申請書が届きます。必要事項を記入して1度申請すると、次回以降は、自動的に申請した支払口座に、上限額を超えた分のお金が振り込まれます。お知らせは、対象になってから概ね**2か月後**に郵送されることが多いです。

子が申請書を記入できない場合は、ケアマネや施設職員による代理手続きも可能です。申請には期限があり、サービス利用月から**2年**が経過すると、受給できなくなります。親と離れて暮らしていると、お知らせを見逃したり、親が誤って廃棄してしまったりして、申請漏れが起きてしまいます。郵便物の管理については、134ページを参考にしてください。

高額介護サービス費の対象にならないもの

福祉用具の購入費、住宅改修費の利用者負担分、介護施設などの食費、居住費(滞在費)、日常生活費、デイサービスを利用したときの食事代、おやつ代などは、高額介護サービス費の対象外です。

高額療養費制度やこの制度を利用してもなお、支出が多い場合、年単位で後払いになりますが、**高額医療・高額介護合算療養費制度**があります。算定期間は、8月1日から翌年7月31日までの1年間となります。加入している健康保険組合か、役所の窓口に問い合わせましょう。

高額介護サービス費の上限額

対象となる方	平成29年8月からの負担の上限（月額）
現役並み所得者に相当する方がいる世帯の方	44,400円（世帯）※
世帯のどなたかが市区町村民税を課税されている方	44,400円（世帯）〈見直し〉 ※同じ世帯の全ての65歳以上の方（サービスを利用していない方を含む。）の利用者負担割合が１割の世帯に年間上限額（446,400円）を設定
世帯の全員が市区町村民税を課税されていない方	24,600円（世帯）
前年の合計所得金額と公的年金収入額の合計が年間80万円以下の方等	24,600円（世帯） 15,000円（個人）
生活保護を受給している方等	15,000円（個人）

出典：厚生労働省「月々の負担の上限（高額介護サービス費の基準）が変わります」

高額介護サービス費の計算例

		個人の場合	世帯の場合	
		父	父	母
①	介護保険サービスの利用料	200,000円	200,000円	100,000円
②	介護費用（1割負担）	20,000円	20,000円	10,000円
③	自己負担金の上限	15,000円	24,600円（世帯）	
④	返金額（②-③）	5,000円	5,400円 （父:3,600円 母:1,800円）	

世帯分の返金額は、介護費用の割合で按分されます。

介護費用の割合は父2：母1

ポイント

高額介護サービス費の申請については、ケアマネに相談してみましょう。

扶養控除

41

離れて暮らす親を扶養にして医療費を節約する

親は健康保険上・税金上の扶養にできる

離れて暮らす親を、**健康保険上の扶養**と**税金上の扶養**にすることができます。健康保険上の扶養は、左表の条件にいずれも該当すれば、子の健康保険に加入でき、親の保険料の支払いがなくなります。また、親子で同じ健康保険に加入していれば、高額療養費制度で世帯合算ができるので、医療費の節約になります。ただし、75歳以上の親は、後期高齢者医療制度へ移行し、保険料は原則として親の年金から天引きされるため、世帯合算のメリットは受けられません。

税金上の扶養は、離れて暮らす親に対して、左表の条件がいずれも必要になります。健康保険同様、**親への仕送り**が基準の１つとなります。条件を満たせば、子は税金控除が受けられますが、親の年齢と所得（収入ではない）によって、税金の控除額は変わります。控除を受ける際は、仕送りを証明する書類を税務署に提出する必要はありませんが、銀行振込の控えなどは残しておいたほうがいいです。

父親の扶養は年齢と年金収入を確認する

95ページの年金支給額から考えると、定年まで会社勤めし、厚生年金を受給している父親は、年収で約２００万円近くを受け取ることになります。この場合、健康保険上の扶養のみになりますが、75歳以上の後期高齢者は対象外となります。

また、親を健康保険上の扶養に入れると、97ページの高額療養費の自己負担上限額が、子の所得の基準になり、限度額が上がる可能性があります。子の節税額と、親の自己負担上限額の増加、どちらが得かで判断しなければなりません。

ある家族の扶養控除の例

父（76歳）：年収200万円（年金収入のみ）、後期高齢者医療制度

母（74歳）：年収100万円（年金収入のみ）、娘の扶養家族

娘（50歳）：母への仕送り月10万円（年間120万円）、健康保険加入。両親と離れて暮らしている

イラスト：ケイーゴ・K / PIXTA（ピクスタ）

別居の親の扶養条件に当てはめてみると……

	扶養の条件	父	母	メリット
健康保険	60歳以上の親の年収が180万円未満	×	○	・母親の健康保険料負担ゼロ ・高額療養費の世帯合算ができる
	親の収入が子からの仕送り合計額未満	×	○	
税金	70歳以上の配偶者以外の親族（確定申告の対象となる年の12月31日現在）	○	○	・子の所得税、住民税の節税ができる （老人扶養控除：別居の親は48万円なので、娘の所得税が10％なら4.8万円節税できる）
	親の年間所得が48万円以下（＝65歳以上で収入が年金のみ、年金金額が年間168万円以下）	×	○	
	子と親が生計を一にしている（親子で同居していなくても、生活費などの送金が行われている状態）	×	○	

ポイント

離れて暮らす親に、毎月仕送り（お小遣い程度ではない）を継続して行っているかどうかが扶養のポイントになります。

医療費控除

42 どんなものが「医療費控除」になるのか？

離れて暮らす親の医療費も控除の対象

離れて暮らす親の医療費を、子が負担することもあります。子の確定申告の際に、子の医療費に親の医療費を合算して10万円（または合計所得金額の5%のいずれか低い方）を超えた金額を、所得から控除できます**（医療費控除）**。ただし、扶養控除同様、**子が親へ定期的に仕送り**をしているか（生計が一か）どうかが、控除のポイントとなります。

また、高額療養費制度、高額介護サービス費で戻ってきたお金や、民間の医療保険など保険会社からの補填を引いた金額が、医療費控除の対象となることにも注意が必要です。

離れて暮らす親の通院にかかった子の交通費は、医療費控除には含まれません。

介護保険サービス費用も控除の対象

認知症介護でよく利用するデイサービスやデイケア、特別養護老人ホームなどの介護施設の費用も、医療費控除の対象となります。利用している施設やサービスの種類によって、食費や居住費が対象になる場合とならない場合があるので、詳しくは左表で確認してください。

月々にかかる、おむつ代が高いと感じたことはありませんか？　在宅介護をしている場合は、かかりつけ医から、**おむつ使用証明書（有料）**を発行してもらえば、医療費控除が受けられます。

特別養護老人ホームなどの介護施設は、おむつ代が利用料金に含まれているので、医療費控除の対象外です。紙おむつの現物支給やおむつ代の助成をしてくれる市区町村が多くあります。

医療費控除の計算方法

その年に払った医療費の合計
- 病院の医療費
- 医師処方による医薬品の費用
- 通院目的の交通費
- 市販薬の購入費
- 対象となる介護保険サービス

−

受け取った給付の合計
- 高額療養費制度
- 高額介護サービス費
- 民間の医療保険

−

10万円
（所得200万円以下は所得金額の5%）

＝

医療費の控除金額
（最高200万円）

医療費控除は、税金控除などと同じく「生計を一としている」場合に受けられます。

医療費控除の対象となる主な介護保険サービス

			自己負担分			
			介護費用	**食費**	**居住費・滞在費・宿泊費**	**条件**
施設*		**特別養護老人ホーム**	○ 1/2	○ 1/2	○ 1/2	
		老健、介護療養型医療施設、介護医療院	○	○	○	
居宅	**①サービスの対価が医療費控除の対象になる***	**訪問看護、訪問リハ、居宅療養管理指導**	○			介護予防サービス(要支援者)含む
		デイケア	○	○		
		定期巡回・随時対応型訪問介護看護(一体型事業所で訪問看護を利用している)	○			
		ショートステイ(医療型)	○	○	○	
	② ①の居宅サービスと併せて利用する場合のみ医療費控除となる	**訪問介護(生活援助中心型でない)、訪問入浴**	○			
		デイサービス、小規模多機能型居宅介護	○	×		
		定期巡回・随時対応型訪問介護看護(一体型事業所で訪問看護を利用しない場合と連携型事業所)	○			
		一般的なショートステイ	○	×	×	

＊特別な食費・居住費は対象外

ポイント

離れて暮らす親の医療費を子が負担した場合、医療費控除の対象となりますが、生計が一でなくてはなりません。

43

精神障害者保健福祉手帳・身体障害者手帳

認知症になったら障害者手帳を取得すべき？

介護保険サービスが優先される

認知症で身体に障害がない方は、**精神障害者保健福祉手帳**、脳血管性認知症で麻痺などがある方は、**身体障害者手帳**の取得が可能で、認知症の初診から**6か月経過**していることが条件になります。

要介護認定を受け、介護保険サービスをすでに利用している場合は原則として、手帳を取得していても**介護保険が優先**されます。手帳の申請は、申請書、診断書、本人の写真などを、市区町村の窓口に提出します。家族などの代理申請も可能です。介護保険を利用していても、障害福祉にしかないサービスがあれば利用できる場合もあるので、親が暮らす市区町村の窓口に相談してみましょう。

手帳を取得すれば、携帯電話やタクシーの料金割引、ＮＨＫ受信料の全額・半額免除、ＪＲや飛行機などの運賃の割引が受けられます。

障害者手帳を取得することへの心理的な壁を感じる親もいます。心理的なハードル以上に、親が受けられるサービスにメリットを感じられるのであれば、手帳取得を検討してみましょう。

障害者控除が受けられる

手帳を取得していなくても、**障害者控除対象者証明書**の入手で、**障害者控除**という一定の控除が受けられます。また障害の程度によって、**特別障害者控除**を受けられます。特別障害者控除は目安として、要介護4以上が対象になるようです。これらの判定基準は、市区町村によって違うので確認が必要です。

親の障害者控除によって、控除額が増え、住民税非課税になれば、介護保険料や高額療養費制度などの負担が減ることもあります。

障害者手帳で受けられるサービスの一部

- 自動車改造の助成
- JR、航空、バス、船舶、タクシー運賃の割引
- 有料道路通行料の割引
- 自動車税の減免
- NHK受信料の免除
- 携帯電話料金の割引
- マッサージ券の支給
- 住民税、所得税、相続税の控除

精神障害者保健福祉手帳と障害者手帳で受けられるサービスは異なります。また市区町村によってもサービスは異なりますので、必ず確認しましょう。

所得税・住民税の障害者控除

条件	住民税	所得税
一般障害者 (別居でも生計が一であれば控除可能)	26万円	27万円
特別障害者 (目安として要介護4以上としている自治体が多い)	30万円	40万円
同居特別障害者 (常に同居していること)	53万円	75万円

ポイント

手帳を取得することで、親の心理面にマイナスに働くこともあるので、注意が必要です。

日常生活自立支援事業

44 親がお金の管理ができなくなったら

金銭管理は日常生活自立支援事業を利用

親による日常で使うお金の預金からの出し入れや、ハンコ・証書など大切な書類の保管などに不安を感じるようになったら、**日常生活自立支援事業**の利用を検討し、親が住む地域の**社会福祉協議会**に相談してみましょう。前提条件として、親が契約内容をある程度理解できないと利用できません。親が自宅ではなく、介護施設や病院にいる場合でも、このサービスは利用可能です。介護保険サービスの契約代行や支払い、銀行口座からの預金の出し入れ、公共料金や医療費などの支払い、預金通帳や銀行印の預かりなど、様々なサポートが受けられます。

専門員が計画を立案し、**生活支援員**が計画に基づき、サポートを行います。相談は無料ですが、利用料は１回１時間当たり約１２００円です。

できれば親にお金を触ってもらう

みずほ情報総研の調査によると、家族による銀行での預金の引き出しは、窓口では親の委任状を求められるので、ＡＴＭを利用するケースが多いようです。本来であれば、親に判断能力が残っている状態で、**代理人カード**を作成し、親の口座から子が引き出せるようにしておきたいところです。

親にお金を預けたら、訪問販売で高額な商品を買わされてしまうのではないかという不安もあります。しかし、親に一切お金を触らせないのは、自尊心を傷つけますし、自立を促せません。親が自分で金銭管理ができる段階であれば、親の財布に、子が一定金額を補充するという方法もあります。親の判断能力が低下してしまった場合は、１１０ページで紹介する**成年後見制度**を利用することになります。

日常生活自立支援事業の主なサービス内容

福祉サービスの利用	・福祉サービスの利用に関する情報の提供、相談 ・福祉サービスの利用における申し込み、契約の代行、代理 ・入所、入院している施設や病院のサービスや利用に関する相談 ・福祉サービスに関する苦情解決制度の利用手続きの支援
日常生活のお金の出し入れ	・福祉サービスの利用料金の支払い代行 ・病院への医療費の支払い手続き ・年金や福祉手当の受領に必要な手続き ・税金や社会保険料、電気、ガス、水道等の公共料金支払いの手続き ・日用品購入の代金支払いの手続き ・預金の出し入れ、また預金の解約の手続き
日常生活の事務手続き支援	・住宅改造や居住家屋の賃借に関する情報提供、相談 ・住民票の届け出等に関する手続き ・商品購入に関する簡易な苦情処理制度（クーリング・オフ制度等）の利用手続き
保管の支援	・通帳やハンコ、証書などの書類を預かる ※保管できるもの（書類等）：年金証書、預貯金通帳、証書（保険証書、不動産権利証書、契約書など）、実印、銀行印、その他実施主体が適当と認めた書類（カードを含む）

＊福祉サービスとは、介護保険制度などの高齢者福祉サービス、障害者自立支援法による障害福祉サービスです。

出典：全国社会福祉協議会「ここが知りたい日常生活自立支援事業なるほど質問箱」（2009年）より著者作成

宝石、書画、骨董品、貴金属類などは預けられません。

ポイント

親に判断能力が残っていて、日常生活に限定した金銭管理ならば、日常生活自立支援事業を利用してみましょう。

成年後見制度・家族信託

45

親の銀行口座からお金が下ろせなくなる前に考えること

成年後見制度でできること

　認知症の親の入院や、介護施設への入居など、急にまとまったお金が必要になり、家族が親の銀行口座からお金を引き出そうとすると、銀行から断られ、**成年後見制度**を利用するよう勧められます。

　成年後見制度は、親の判断能力が不十分になったときに、不利益を被らないよう支援する制度です。

　家庭裁判所に申し立てをすると代理人が決まり、親の判断能力によって、**後見・保佐・補助**と種類が分かれます。代理人の主な役割は、医療機関や介護保険サービスの契約をする**身上監護**と預貯金の管理を行う**財産管理**の２つです。

　現在の制度では、家族ではなく専門職後見人（弁護士や司法書士など）が選任されやすく、職務に対する報酬を支払う必要があります。親の財産額にもよりますが、月２万円以上の支払いが発生し、親が亡くなるまで、継続されます。手続きの煩雑さや費用、親の財産管理に厳しい制限がかかるなどの理由から、制度利用は伸び悩んでいます。親族が親のお金を勝手に使うなど金銭トラブルがある場合は、親の財産を守る意味でも制度を利用して、第三者に財産管理を任せた方がいいケースもあります。

判断能力が低下する前に財産管理を決める

　親の判断能力が低下する前なら、１０８ページでご紹介した**日常生活自立支援事業**、信託銀行に財産保全を依頼する**サポート信託**、信頼できる家族に親の財産の管理や処分を託す**家族信託**などが利用できます。判断能力が低下したあとでは、成年後見制度しか選択肢がなくなってしまうので、その前に親の財産管理をどうするか決めておきましょう。

成年後見人の主な役割

財産目録を作る	本人の財産の状況などを明らかにして、家庭裁判所に財産目録を提出します。
今後の予定を立てる	本人の意向を尊重し、本人にふさわしい暮らし方や支援の方法を考えて、財産管理や介護、入院などの契約について今後の計画と収支予定を立てます。
本人の財産を管理する	日々の生活の中で、本人の預金通帳などを管理し、収入や支出の記録を残します。
本人に代わって契約を結ぶ	必要に応じ、介護サービスの利用契約や施設への入所契約などを本人に代わって行います。
仕事の状況を家庭裁判所に報告する	家庭裁判所に対して、成年後見人として行った仕事の報告をし、必要な指示を受けます。

出典：暮らしに役立つ情報（政府広報オンライン）
（https://www.gov-online.go.jp/useful/article/201701/3.html）

親の判断能力の有無で利用できる制度は変わる

財産管理商品や制度（問い合わせ先）	認知症ではない 判断能力に不安を感じる	認知症 判断能力が低下
日常生活自立支援事業 （社会福祉協議会）	金銭管理をサポート	
サポート信託 （信託銀行）	認知症になっても信託銀行が財産を保全	
家族信託 （弁護士・司法書士など）	家族に財産管理の権限を与える	
成年後見制度 （家庭裁判所）		専門職主体の財産管理

ポイント

親に判断能力がないとされた場合は、成年後見制度を使うしかありません。不安を感じたら、早めに財産管理について話し合いましょう。

46 認知症保険

認知症の親が損害を負わせたら

3つの認知症保険

認知症保険には、ＭＣＩの段階を保障する保険、認知症と診断され、その状態が継続されたときの保険、認知症の親が第三者に損害を負わせたときの賠償責任保険の3つの保険があります。

離れて暮らす親の場合、特に**損害賠償**をカバーしておくといいでしょう。認知症の親の起こした事故の**監督責任**が、子に対して問われるケースもあります。まずは、現在子が加入している自動車保険、火災保険、共済などの特約で**個人賠償責任保険**に加入しているか、確認しましょう。別居している家族までカバーされていない場合もあるので、補償内容と一緒に対象範囲の確認をしてください。

また、神奈川県大和市では「はいかい高齢者個人賠償責任保険」があって、地域のＳＯＳネットワークに登録すれば、自治体が保険料を負担し、親や子は保険料の負担がありません。同様のサービスを実施している自治体が増えているので、親が住む自治体がサービスを提供しているか確認しましょう。

損害賠償のミニ保険を活用しよう

少額短期保険（ミニ保険）には、認知症と診断されたときの保険、要介護状態になったときの保険、認知症の親が第三者に損害を負わせたときの賠償責任保険があります。ミニ保険は、契約のしやすさが利点で、保険料も安く、契約期間は1年単位です（更新は可能）。その分、補償額は個人賠償責任保険ほど多くはありません。

特に損害賠償のミニ保険は、子が認知症の親のために申し込むケースが多くなっています。損害賠償費用の実相場を低く見積もりがちです。

認知症保険の種類

保険の種類	特徴
MCIの段階で設定された認知症保険	予防給付金が出て、MCIと診断された段階で保険金が支払われる
認知症と診断されたあとの認知症保険	認知症と診断されたあとで保険金が支払われる。一時金、終身年金などがある
賠償責任保険	認知症の人が第三者にケガなどを負わせたときのための保険

認知症の人による損害賠償費用の実相場

	実相場	実相場より低い費用を回答した人の割合
お店でトラブルになって、店舗の備品を壊してしまった	8万円前後	64.4%
駐車している車をたたいて、傷をつけてしまった	20万円前後	41.6%
隣の植え込みを勝手に切ってしまった	40万円前後	93.7%
施設で隣の利用者を押し倒して骨折をさせてしまった	150万円前後	75.7%
水を出しっぱなしにして、下の階に漏水してしまった	200万円前後	69.7%

出典：リボン少額短期保険「認知症に関するアンケート調査」（2018年）

賠償費用の実相場を把握して、ミニ保険の加入を検討しましょう。

ポイント

子が加入している個人賠償責任保険をチェックして、補償内容とカバーされる家族の範囲を確認しましょう。

訪問販売・電話勧誘販売

47 離れて暮らす親がひっかかる消費者被害

「お金・健康・孤独」に関する犯罪に注意

高齢者は特に、**「お金・健康・孤独」**の3つの不安を抱えているといわれており、消費者生活センターにはこの悩みに関連する様々な消費者被害が報告されています。

認知症高齢者の特徴として、**訪問販売**と**電話勧誘販売**に関する相談件数が全体の約5割を占めています。判断能力の低下した認知症の親に対して、業者は言葉巧みにモノを買わせようとしてきます。新聞の契約を勝手に延長させられたり、不要な健康食品を買わされたりするなどの相談が多く報告されています。**親自身は被害にあったと思っていない**ケースも多いので、不要なモノが家にないか、知らない電話番号の着信履歴がないかなど見守りが必要です。

消費者被害にあったときの対応

万が一、被害にあってしまった場合は、**消費者ホットライン（局番なし：188）**に電話すると、近くの消費生活相談窓口につながります。家に出入りするケアマネ、ヘルパー、民生委員などが、見慣れない高額商品に気づき、消費者生活センターへ相談するケースもあります。

訪問販売などの特定の取引に関して、基本8日以内であれば無条件で契約を解除できる、**クーリング・オフ制度**があります。期間の詳細については、消費者生活センターに相談してみましょう。

クーリング・オフ期間が過ぎてしまった場合は、成年後見制度の**取消権**を行使できる場合もありますが、日用品レベルでは被害が軽微なので、取消権は利用できません。

高齢者の消費生活相談件数の割合

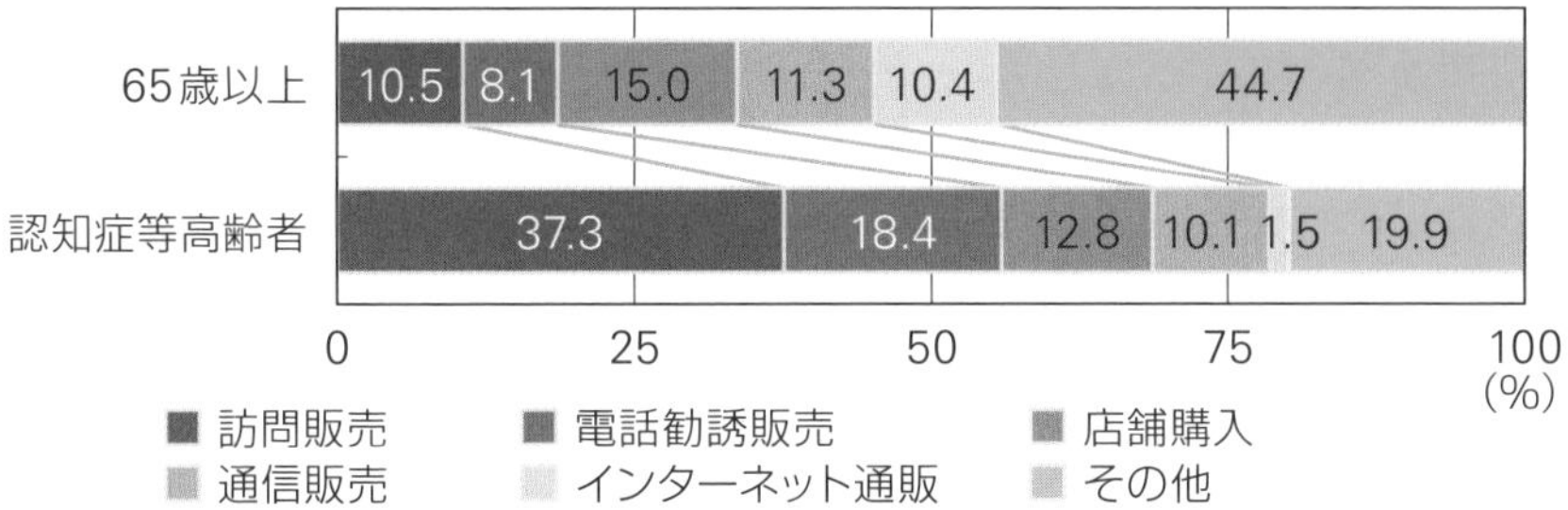

出典：消費者庁「令和元年版消費者白書」（2019年）より著者作成

クーリング・オフの期間

種類	期間
訪問販売・電話勧誘販売	8日間
特定継続的役務提供（エステティック、美容医療、語学教室、家庭教師、学習塾、パソコン教室、結婚相手紹介サービス）	8日間
訪問購入（業者が消費者の自宅等を訪ねて、商品の買い取りを行うもの）	8日間
連鎖販売取引（マルチ商法）	20日間
業務提供誘引販売取引（内職商法、モニター商法等）	20日間
通信販売	・クーリング・オフ制度はない ・特約がある場合は、それに従う

＊上記販売方法・取引でも条件によってはクーリング・オフできない場合があります

出典：「クーリング・オフ」（独立行政法人国民生活センター）（http://www.kokusen.go.jp/soudan_now/data/coolingoff.html）より著者作成

ポイント

認知症の高齢者は、訪問販売と電話勧誘販売にひっかかりやすいので、その対策から始めましょう。

割引運賃

48 介護にかかる交通費を節約するために

ＪＲ・新幹線の割引

親子の住む場所が離れているほど、交通費がかかります。介護割引などを使って、少しでも交通費を節約しましょう。**ＪＲは、介護割引がありません。**その代わり、左表にあるインターネットサイトでチケットを購入すると、割引が受けられます。また、ＪＲグループ各社が提供するサービスの会員になると、年会費はかかりますが、運賃の割引が受けられます。シニア向け割引が、50歳以上と男性65歳以上・女性60歳以上の2段階で設定され、夫婦の場合、どちらかが65歳以上なら夫婦会員となります。

飛行機・高速バスの割引

飛行機には、介護割引があります。事前に登録が必要で、介護保険証や介護認定結果通知書、親子関係が分かる戸籍謄本・抄本、介護者の住所が確認できる公的書類を提出します。1年ごとの更新が必要で、どの時期でも約35％の割引になります。急に介護が必要になった場合は有効ですが、あらかじめ帰る予定が決まっている場合は、早割運賃のほうが安い場合もあります。ＬＣＣ（格安航空会社）を利用する、マイルを使って航空券と交換する、株主優待割引を利用するなどの方法や、格安航空券比較予約サイトも、交通費節約には便利です。

高速バスは、介護者のみの運賃割引はありません。運賃も安く、乗り換えがいらないのですが、移動時間はかかります。独立シートや個室、深く倒せるリクライニングなど座席は進化しています。

交通費の節約以上に大切なのは、ご自身の体調管理です。移動で疲れ、通いの介護が続けられない、ということがないよう注意してください。

JRの新幹線ネット予約とシニア割引

JR グループ	新幹線 ネット予約	シニア割引（会員制）	
		目安として50歳以上〜	（男性65歳以上/女性60歳以上）・夫婦どちらかが65歳以上
JR北海道	えきねっと	大人の休日倶楽部ミドル	ジパング倶楽部
JR東日本			
JR東海	スマートEX エクスプレス予約	50+（フィフティプラス）	
JR西日本	スマートEX e5489	おとなび	
JR四国	e5489	四国エンジョイ倶楽部	
JR九州	ネット予約	ハロー！自由時間クラブ	

飛行機の割引一覧（LCC除く）

航空会社	介護割引	シニア割引（目安として65歳以上）
JAL	介護帰省割引	当日シニア割引
ANA	介護割引	スマートシニア空割
スターフライヤー	介護割引運賃	スターシニア
ソラシドエア	介護特別割引	65歳からのシニア割
スカイマーク	―	シニアメイト1
AIR DO	―	DOシニア65

ポイント

交通費の節約も大事ですが、ご自身の体調管理を優先してください。移動疲れのない、交通手段を選ぶことも大切です。

失業手当

49 介護で会社を辞めてしまった後の手当

介護離職後の失業手当はすぐには支給されない

親が認知症になったとき、まずは**介護休業制度**を使って休みを取りながら、介護保険サービスを利用した態勢づくりに専念し、会社を辞めずに済む方法を模索すべきです。しかし、介護休業制度に理解のない職場では、介護休業が取りづらく、やむを得ず介護離職するケースや、職場に迷惑をかけるからと制度の利用を自ら諦めたりして、介護離職する人もいます。

会社の倒産やリストラなどで仕事を失った場合は、**会社都合**扱いとなり、失業手当の給付は、7日間の待機後から支給されます。他の理由での退職は、自己都合扱いとなり、3か月と7日の待機後からの支給となります。

介護離職は自己都合扱いとなるため、収入ゼロの期間が長く発生します。ただ、自己都合であってもやむを得ない理由がある**特定理由離職者**とハローワークで認定されれば、会社都合扱いとなり、失業手当の給付は早まります。認定されるかどうかは、介護の状況からハローワークが判断し、決定します。

経済的余裕を持って就職活動する

勢いで介護離職したあと、介護の態勢が整い、親も落ち着いたので、再び仕事探しを始める方もいます。ハローワークでは、左表にある手当を受給することができます。収入に余裕がない状態で就職活動をすると、目先の収入を優先してしまい、勤務条件等を考えない会社選びになり、せっかく入った会社をすぐ辞めることになるかもしれません。ハローワークで手当を受給しながら、経済的にも精神的にも余裕を持った状態で仕事を探すことが大切です。

求職中にもらえる手当の一部

給付の種類			簡単な説明
求職者給付	失業手当(基本手当)		失業したとき
	技能習得手当	受講手当	ハローワークなどで、公共職業訓練を受けるともらえる手当
		通所手当	公共職業訓練に行く際の交通費
	寄宿手当		公共職業訓練等を受けるために、親族と別居せざるを得ないときの手当
	傷病手当		失業中に病気やケガで求職できないときの手当
	高年齢求職者給付金		65歳を過ぎた被保険者が受け取れる給付金
就職促進給付	就業促進手当	再就職手当	失業期間中に早期に就職できたときにもらえる手当
		就業促進定着手当	再就職手当をもらった人が、離職前より年収が低いときの手当
		就業手当	再就職手当の支給条件に当てはまらない人で早期に就職した人がもらえる手当
		常用就職支度手当	障害者や65歳以上の被保険者など就職困難者が安定した職業に就いたときの手当
	移転費		仕事や教育訓練のために引っ越したときの手当
	求職活動支援費	広域求職活動費	ハローワーク経由の紹介の仕事で、広域にわたって求職したときの手当
		短期訓練受講費	1か月未満の教育訓練を修了したときの手当
教育訓練給付	教育訓練給付金		厚生労働大臣の指定した教育訓練を受講、修了したときの手当

出典：雇用保険制度の概要（ハローワークインターネットサービス）より著者作成

ポイント

介護の知識がなく、勢いで会社を辞めてしまっても、再就職への道を手伝う手当があります。

Column

7年の間に起きた認知症介護のトラブル

離れた親の認知症介護を7年も続けていると、驚くようなトラブルが次々と起こります。例えば、わたしがいない間に、母が町内会の班長になっていたときは本当に驚きました。回覧板が回ってこないことに気づいたご近所さんやヘルパーさんの報告で解決したのですが、そのときに町内会・民生委員の役割や、見守りのありがたさを知りました。

わたしの高校時代の同級生と名乗る人物が家に来て、応対した母が牛乳の宅配契約を結んでしまい、慌てて契約を取り消しました。このときに、訪問販売の怖さを体感しました。亡くなった認知症の祖母が子宮頸がんで緊急入院したとき、祖母の銀行口座がどこにあるか分からず、お金の工面に苦労しました。家庭裁判所へ申し立てを行い、自ら成年後見人となって、近所の銀行にあった祖母の財産を見つけました。成年後見制度の大変さを知ったのは、このときです。要介護認定に立ち会えず、調査員から母は認知症ではないと誤解されたり、交通費節約のために高速バスを利用して疲弊したりもしました。

認知症介護で起こる日常は、本当に驚くことばかりで、最初は介護者も受け入れられないことが多いと思います。次第に様々なことができなくなっていく親の姿を見て落ち込み、悩む介護者はたくさんいます。

しかし、認知症の親に対して、多くを求めないことで、離れて暮らす親の認知症介護が少しだけラクになります。具体的には、親が病気やケガをせず、元気で生きていてくれさえすればいいと考えられるようになると、こうした認知症に関するトラブルに対しても、目をつむることができます。

これだけのことがあっても、わたしは通いの介護を続けたいと思っています。

5章

離れた親を見守る「認知症介護」ツール

50

介護のインフラ作り

介護が始まったら親の家にインターネット回線を引く

親の家にインターネット回線は必須

親の家に、インターネット回線を導入することで、見守りを強化できるため、最初の見守り手段として検討すべきです。親の安否をメールで知らせるサービスでは、親の表情は確認できません。電話で親を見守っている場合も同様で、通話料金が都度発生します。ネット回線を導入して見守りカメラを設置すれば、会話せずとも親の表情を自分の好きなタイミングで確認できますし、ネット経由の**テレビ電話**なら、ネット料金のみで、通話料金はかかりません。

回線速度が安定しているものを選ぶ

ネット回線には、**モバイル回線**と**光回線**があります。モバイルは月額費用が4000円前後で開通工事が不要ですが、地域や住環境によって回線速度が安定しないこともあります。光回線は月額費用が5000円前後で、開通工事が必要になりますが、回線速度は安定します。回線速度が不安定になると、テレビ電話や見守りカメラが一時的に使えなくなることがあり、家族は不安な状態が続くので、できれば安定した光回線のほうがオススメです。

ネットによる親の見守りができれば、親の家に通う頻度を減らせるので、交通費を節約できます。また、ご近所や親族に、親の見守りをお願いする場合は気遣いが必要ですが、見守りカメラなら不要です。

わたしは介護を始めて8年目になりますが、この短期間でネットを活用した介護の幅が広がったおかげで、介護が本当にラクになりました。

親の見守りや介護に時間を取られ、職を失ったり、自らの生活を犠牲にしたりすることを考えれば、**ネットの費用対効果は大変高い**と言えます。

実家にネット回線がない人の満足度

実家のネット回線環境の満足度を教えてください。
（ネット回線未契約者）

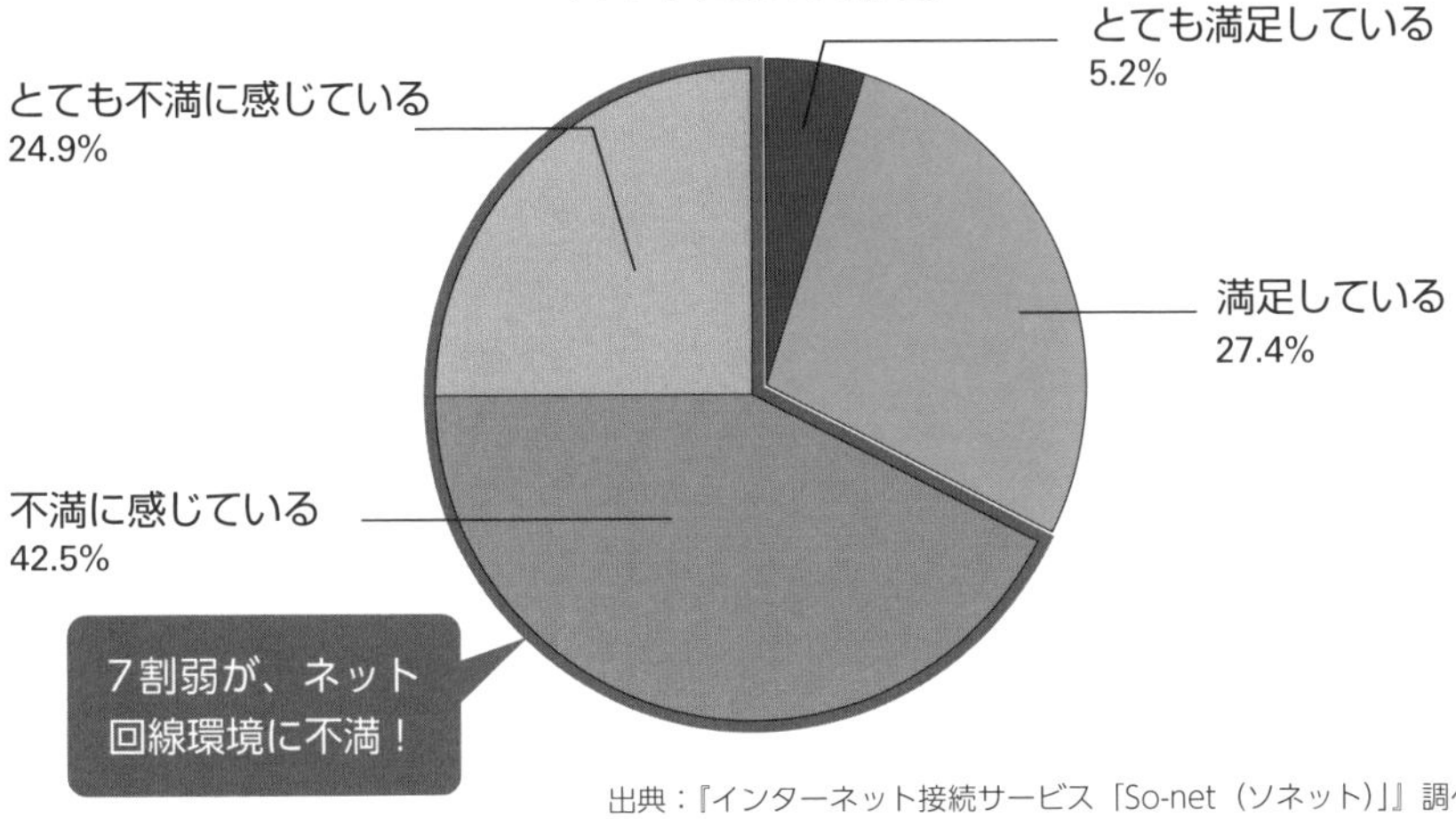

出典：『インターネット接続サービス「So-net（ソネット）」』調べ

インターネットで実現できる在宅介護・見守り

- ドアなどの鍵の開け閉め
- 照明のON/OFF、エアコンのON/OFF
- その他あらゆるスイッチのON/OFF
- 見守りカメラ
- 部屋の温度や湿度管理
- 訪問客の遠隔応対
- テレビ電話
- ロボット掃除機を動かす
- カーテンの開け閉め

ポイント

インターネットにかかる月々の通信費は必要ですが、介護のための交通費の節約につながります。

51 見守りカメラを設置して親に会えない不安を解消する

見守りカメラの便利な機能

離れて暮らす親の介護で、最も活躍する家電製品は**見守りカメラ**です。リビングなど親がよくいる部屋に設置し、親の表情や食事の様子をカメラで撮影します。その映像は、スマートフォン（スマホ）やパソコンを使って、自分の好きな場所、タイミングで何度でも確認できますし、録画機能付きの機種ならば、記録された映像をあとで見ることもできます。

他にも、スマホに向かって話しかけると、見守りカメラから声が出て、親に声かけができる機種や、親が家を出るなどカメラの映像に動きがあったときに、スマホに通知がくる動体検知機能つきの機種、カメラが首を振って部屋全体を映し出す機種、夜間など暗闇でも親の様子が分かる機種などがあります。

見守りカメラを親の家に1台設置すれば、各家族のスマホで親の様子を見ることができるので、きょうだいや親戚など、**みんなで親の見守りが可能**になります。また、親が利用する複数の部屋に見守りカメラを設置すれば、より安心で不安も解消されます。

カメラは6000円前後から購入できますが、それよりも**安価な海外製の見守りカメラは、セキュリティに問題がある場合もある**ので、注意が必要です。

見守りカメラ以外で親を見守る方法

親がカメラの電源を抜いてしまう、親を監視しているようでいやだという方もいます。電源はコンセントの設置場所の工夫や、ケーブルをカバーで覆うと防止できる場合もあります。どうしても親が見守りカメラをいやがる場合は、左表にある**スマート電池**や**スマート照明**を使う方法もあります。映像では確認できませんが、親の動きを感知できます。

見守りカメラを使った介護のいろいろ

場所	使い方
リビング	・薬を飲んでいるか、食事をしているかを確認する ・訪問介護・看護や在宅医療がきちんと来ているかを確認する ・デイサービスやデイケアへ行ったかどうかを確認する
寝室	・親がきちんと起きているかを確認する ・暗所撮影機能を使って、夜間の行動を確認する
玄関	・訪問販売業者など、訪問者を確認する ・動体検知機能を使って、不要な外出がないかを確認する
その他	・介護で親の家に帰った際も、別の部屋から親を見守る ・録画機能を使って、数日前の行動を映像で確認する ・第三者の出入りによる、家の中での不正を抑止する(盗難など)

見守りカメラ以外の見守りツール

見守りツール	使い方
スマート電池	テレビのリモコンなどにスマート電池をセットする。リモコンの使用状況をアプリで確認できる
スマート照明	電球LEDにSIMが内蔵されている。トイレや浴室などにスマート照明を設置。しばらく親が照明を使わないと、お知らせメールが来る
スマート宅配ポスト	荷物が届くとスマートフォンにお知らせが来る。カメラ機能で荷物の見守りも可能。宅配業者に集荷依頼もできる
活動センサー	映像を使わずセンサーで部屋に在室しているかどうか、活動量はどの程度か、昼になっても寝ているなど、行動の異変や行動履歴まで分かる
スマートスイッチ	壁のスイッチなどを、スマートフォンの操作により遠隔で押せる
運転見守りサービス	車のアクセサリーソケット(シガーソケット)に挿し、親の車が移動したルート、急加速、急ブレーキなど、運転の様子が分かる

ポイント

離れて暮らす親への不安は、見守りカメラの設置で大きく解消されます。

スマートリモコン

52 親の家の家電を遠隔で操作する

エアコンを遠隔で操作して親の住環境を整える

スマートリモコンは、テレビやエアコンなど赤外線を利用する家電のリモコンを学習し、1台に集約して操作できるリモコンのことです。スマートフォンのアプリと連動しているので、**親の家の様々な家電を遠隔で操作できます**。また、親がリモコン操作を誤った場合も、子のスマートフォンから遠隔操作することで、住環境を元に戻すことができます。認知症でエアコンの操作方法が分からなくなったり、そもそもエアコン嫌いで使う習慣がなかったりする親を、**熱中症やヒートショックから守る**ために、遠隔操作でスイッチをつけることもできます。

価格は、５０００円前後から購入でき、左表にあるように認知症介護にも応用できます。介護保険の訪問介護等では、家電の異常や故障まで対応できません。また滞在時間が長くないため、家電の異常に気づきませんし、親もタイミングよく家電の異常を訴えられません。結果、**家電のトラブルが解消するまで親は子に何度も連絡してきます**し、長期で放置すれば、親の生活に支障をきたすことにもなります。

スマートリモコンを使った介護の工夫

スマートリモコンは曜日や日時によって、細かく予約設定ができます。週数回のデイサービスを利用する日時にエアコンを予約しておけば、親が帰宅する時間に合わせて部屋を適温に保つことができます。同様に、テレビの番組予約も細かく設定できます。「火曜日20時はＮＨＫ」と設定しておけば、自動的にチャンネルが切り替わります。認知症が原因で、楽しみにしていた番組を見逃すことが増えますが、リモコンのおかげで親の楽しみが奪われずに済みます。

スマートリモコンの仕組み

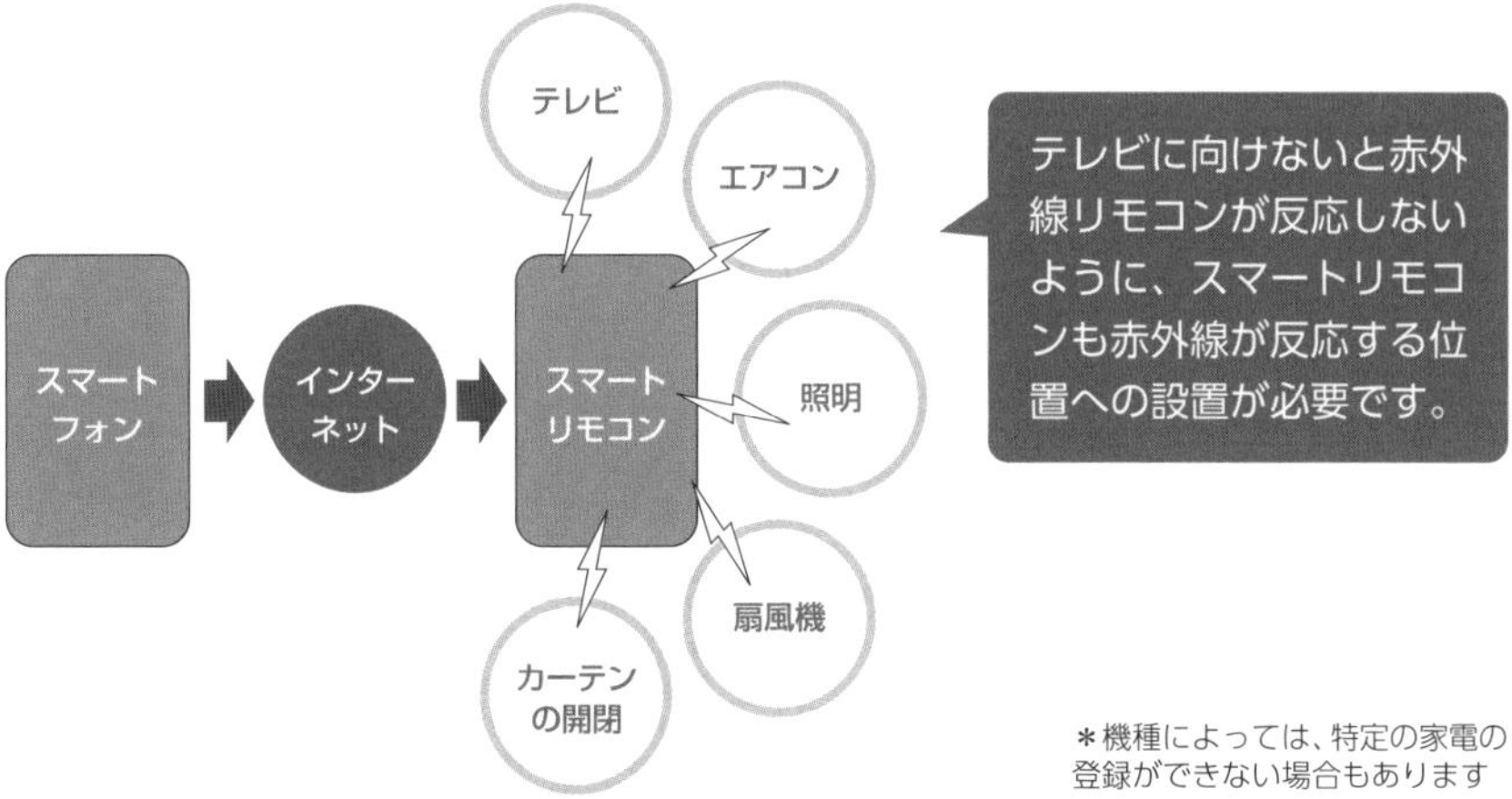

＊機種によっては、特定の家電の登録ができない場合もあります

スマートリモコンを使った介護

家電など	使い方
エアコン	・親の家の温度、湿度をリアルタイムで把握する ・親が外出先から戻ってくる前に快適な室温にする ・エアコンの操作が分からない親のサポートを遠隔で行う ・エアコンの消し忘れがないよう、人感センサーで自動電源OFF
テレビ	・親が大好きなテレビ番組を見逃さないよう、時間に合わせてチャンネル設定をする ・リモコンの誤操作によるテレビの誤作動を、遠隔で対応する ・テレビの消し忘れがないよう、人感センサーで自動電源OFF
照明	・防犯対策のために、親が不在時に電気を遠隔でつける ・照明の消し忘れがないよう、人感センサーで自動消灯
カーテン	・なかなか起きない親のために、朝に自動でカーテンを開け日光を入れる

介護中の家電トラブルはやっかいなので、できるかぎり導入を検討してみましょう！

ポイント

スマートリモコンで家電を遠隔操作して、親の住環境を整え、命や生活を守りましょう。

53

スマートロック

親がなくしがちな家の鍵も遠隔で操作できる

親が鍵をなくす心配はスマートロックで解消

親が家の鍵をよくなくすので、鈴をつけるなど工夫された経験があるかと思います。家の鍵をなくしてしまったら、子はその都度親の家に駆けつけたり、鍵の専門業者を呼んだりしなくてはなりません。

スマートロックは、スマートフォンのアプリを使って、家のドアの施錠・開錠をするツールで、家のドアの室内側に取り付けます。今までどおりアナログの鍵を使うこともできます。ヘルパーさんが親の家を訪問する際に、**子が鍵の開閉を遠隔操作することもできます**し、決まった時間になると、鍵を自動で開錠する機種もあります。他にも、親の家を訪問する人の指紋を登録できる、指紋認証タイプのスマートロックもあります。

親にはこれまでどおりの鍵を使ってもらいつつ、**紛失時のためにスマートロックという保険をかけておくと安心**です。また、家の鍵を操作した人の履歴や、外出中に家の鍵をかけ忘れていないかをアプリで確認できる機種もあり、鍵を使った親の見守りが可能になります。また、親の家に出入りする人数分の合鍵を作ったり、管理したりする手間も省けます。

スマートロックを使うときの注意点

スマートロックは、家のドアや鍵の形状・種類によって、取り付けができないことや、簡単な工事が必要になる機種もあるので、購入前に必ず確認しましょう。また、スマートロック本体の電池が切れると、普通（アナログ）の鍵以外での開閉ができなくなるので、電池残量を通知してくれる機種を選びましょう。価格は1万円くらいから、高いものでは6万円近くするものまであります。

スマートロックの種類と介護の場面

種類	機能	考えられる介護の場面
ハンズフリー	スマートフォンをポケットやバッグに入れた状態で鍵に近づくと施錠・開錠する	・在宅医療、訪問介護といった出入りの際の鍵の管理 ・合鍵の製作が不要になり、鍵の製作費の節約や在庫管理の手間が省ける
スマートフォン操作	スマートフォンの専用アプリで、鍵の施錠・開錠を操作する	・鍵の開閉履歴で、親の家に誰が訪れたかが分かり、見守りができる ・親の家がきちんと施錠されているか、遠隔でも確認できる
マルチデバイス	指紋認証、携帯電話、カードキーなどで鍵を施錠・開錠する	・車いすでの出入りの際、鍵を出さずに施錠・開錠できる ・おむつなど大きな荷物を抱えていても、鍵を出さずに施錠・開錠できる ・万が一、家の鍵を紛失しても、遠隔操作で鍵の施錠・開錠が可能
南京錠	一般的にはダイヤルや鍵での施錠・開錠が多い南京錠を、スマートフォンや指紋認証で管理する	・認知症の親に紛失されては困る貴重品（通帳や保険証など）を保管し、南京錠でロックする ・郵便物を勝手に開封・廃棄しないよう南京錠でポストを管理する

鍵の扱いについては、医療・介護事業者に相談してください。

ポイント

介護に関わる人同士で、家の鍵の管理が大変な場合は、スマートロックが便利です。

スマートスピーカー・スマートディスプレイ

54 予定を自動で親に知らせる

スマートスピーカーを使った親への声かけ

スマートスピーカーとは、スピーカーに向かって話しかけると、インターネット経由でＡＩアシスタントが応答してくれるスピーカーのことです。今日の天気やニュースの読み上げ、インターネットでの検索、音楽やラジオを流すなど、すべて音声で操作できます。価格は安い機種だと、３０００円くらいから購入できます。

スマートスピーカーを認知症介護にどう活用するかというと、**決まった時間に音声を流す機能**を使えば、服薬の声かけができ、飲み忘れを防止できます。また、今日の予定を音声で繰り返し親に知らせることで、親に電話する手間も省けます。さらに、ひとり暮らしで話し相手のいない高齢者の、ちょっとした話し相手としても利用できます。

スマートスピーカーとスマートリモコンを組み合わせると、音声での家電操作が可能になります。スピーカーへの声のかけ方を部屋に掲示し、認知症の人自ら、スマートスピーカーを利用しているケースもあります。認知症が進行して、リモコンでの操作ができなくなっても、「テレビをつけて」という言葉による意思表示ができれば、操作可能です。

スマートディスプレイは文字でもお知らせ

スマートディスプレイは、スマートスピーカーと機能はほぼ同じですが、ディスプレイがついているので、文字でのお知らせも可能になり、親に対してより分かりやすく、情報を伝えることができます。カメラ付きの機種であれば、親とテレビ電話ができますし、**見守りカメラとして、親の家の様子を確認できます**。価格は８０００円くらいからあります。

スマートスピーカーの仕組み

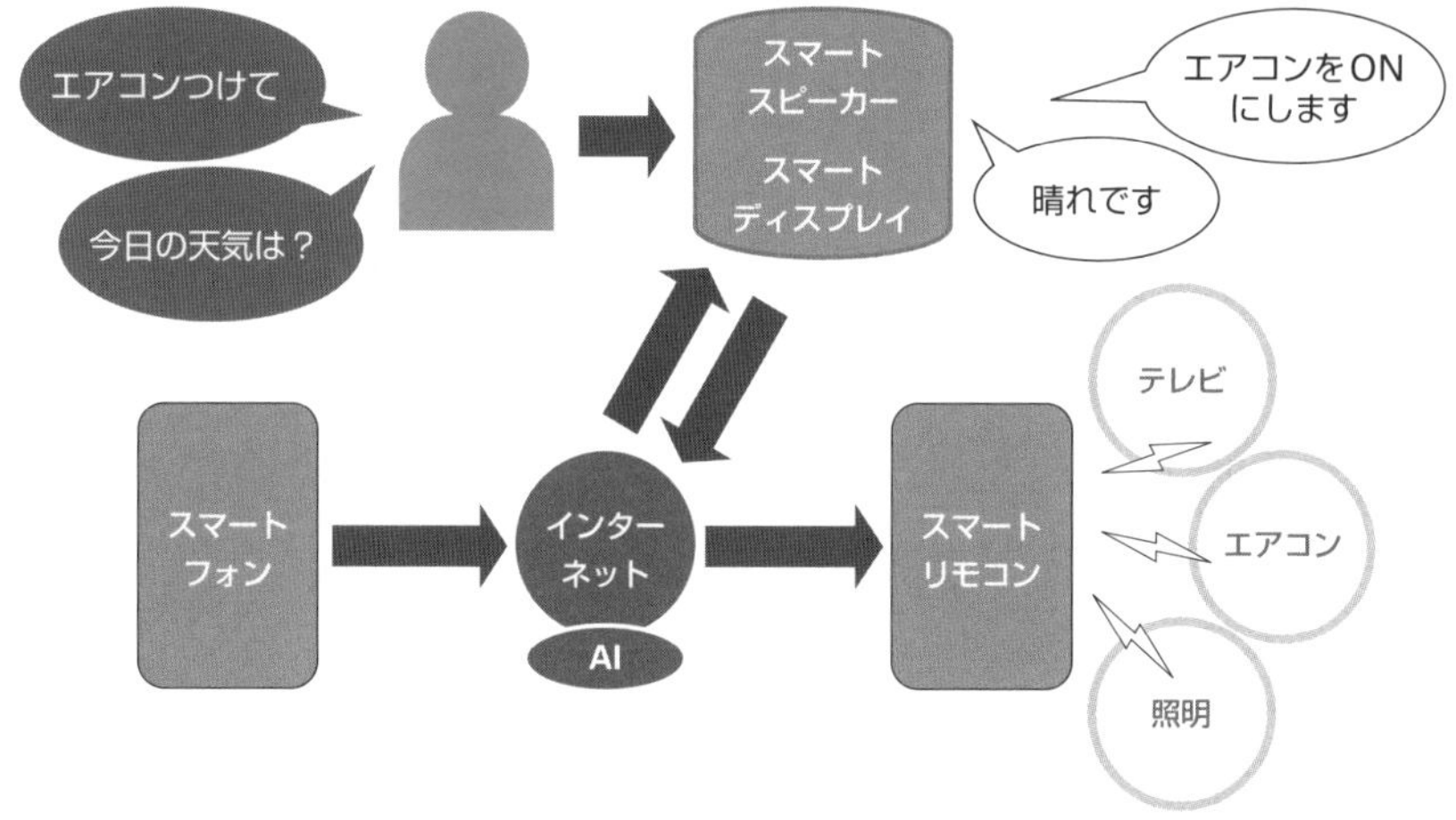

介護の場面でのスマートスピーカー活用例

①決まった時間にアナウンスをすることができる

今日の予定、明日の予定を定時にお知らせする

デイサービス、デイケアへの準備を促す

お薬を飲む時間に声かけをする

ゴミの日の予定を知らせる

②家電を音声で操作することができる

リモコンの操作が分からなくなっても、音声で操作できる

懐メロなどの音楽、ラジオを聴く

タイマーを声でセットする

目覚まし時計の代わりにする

③一人で暮らす親の話し相手になってくれる

挨拶すると答えてくれる

今日の天気を聞くことができる

今日のニュースを聞くことができる

声で調べものをすることができる

自らスピーカーを操作したりすることで、親の活動量が自然と増えます。

55 怪しげな訪問販売や電話勧誘を撃退する方法

訪問販売は録画機能付きインターホンで対応

認知症の方の消費者被害で特に多いのが、第４章で紹介した**訪問販売**と**電話勧誘販売**です。訪問販売の対策には、録画機能付きのインターホンが便利です。認知症の親は不要な商品を買わされたとしても、**業者の名前や話した内容などを忘れてしまう**こともあります。インターホンの録画には、やりとりの音声や映像が残るため、訪問者を特定できます。

また、留守中の訪問者を録画できる機種や、親の家での訪問者の応対を子が遠隔でスマートフォンを使って代行できる機種、配線工事不要な電池式の録画機能付きの機種などもあります。録画機能付きインターホンは、１万円前後から購入可能ですが、電気工事が必要な場合は、別途費用がかかります。

固定電話で電話勧誘をシャットアウト

認知症の進行で携帯電話の操作ができなくなる可能性もあるため、**固定電話は残しておきたい**ところです。固定電話にかかってくる電話勧誘の対策は、着信履歴が残る**ナンバーディスプレイ**が有効です。着信履歴の番号をネットで検索すれば、業者を特定できます。迷惑電話の場合は、その番号を着信拒否登録して、次回以降の電話勧誘をブロックします。

訪問販売と同じく、電話の内容を自動録音しておくと便利です。録音機能付きの固定電話を購入するか、現在使用中の電話に後付けできる録音アダプタがあります。自治体によっては、左表の機能を持つ固定電話購入補助金やアダプタの無償貸し出しを行っています。一番簡単な電話勧誘対策は、**「常に」留守番電話設定**にして、親を電話に出さないことです。

介護に役立つインターホンの機能

機能	内容
電池式ドアホン	配線工事いらずで、どんな家（賃貸物件）でも簡単に取り付けられる。玄関に取り付ける子機が電池式
遠隔での来客対応	スマートフォンで親の代わりに訪問者に応対できる
訪問者画像のメール送信機能	ドアホンのボタンが押されると自動的に子のスマートフォンに訪問者の画像が送信される
夜間照明応対	夜間照明で訪問者を照らし、特定することができる
録画機能	訪問者との会話の内容や、留守中の訪問者をSDカードに録画できる
住宅用火災警報器と連動	火災発生を室内モニターや外出先のスマートフォンに知らせる

＊すべてのインターホンについている機能ではありません。

介護に役立つ固定電話の機能

機能	内容
ナンバーディスプレイ	・かけてきた相手の電話番号が、電話に出る前に電話機などのディスプレイに表示される ・留守中でも着信履歴が残る ・着信音で誰からの電話かを知らせる ・着信音で「電話機に登録されていない迷惑電話の可能性があります」と注意喚起する ・非通知や0120の着信を拒否する
通話の自動録音	・通話中の会話がすべて録音できる ・「この通話は録音されます」というアナウンスが流れる
モーニングコール	毎日指定した時刻に、自動で電話が鳴る。電話に出ると日替わりメッセージが流れる。親が電話に出ない場合は、子の電話に連絡が来るため、見守りになる
緊急呼び出しボタン	ボタンが押されると、親機子機が一斉に鳴り、同居家族に緊急事態を知らせる。応対がないと、別に登録した携帯電話等が鳴る

＊すべての固定電話についている機能ではありません。

口座振替・郵便物の転送

56 離れて暮らす親宛てに届く郵便物を管理するには？

公共料金の支払いは口座振替に

認知症の親の家に送られてくる大量の郵便物。不要なダイレクトメール（以下、ＤＭ）に紛れ、大切な保険証や請求書、税金納付書を親が誤って廃棄したり、ＤＭを見て不要の買い物をしたりするかもしれないので、**発送元に送付停止の依頼**をしましょう。

介護保険に関する大切な郵便物（被保険証、納付書）などは原則、親の住所に送付されます。しかし、認知症の親が紛失する可能性がある場合は、親の住む市区町村の介護保険課に連絡すれば、子の住所を転送先として指定できます。

また、定期的な支払いが必要な公共料金や介護保険サービスの利用料などは、親が請求書を紛失して払い忘れる可能性もあるので、できるだけ**口座振替**に変更しておきましょう。現金対応のみの介護事業所もあるので、請求書を子の家に送ってもらい、銀行振込で対応するなど、工夫しましょう。

郵便局の郵便転送サービス

親の郵便物の管理が面倒な方は、郵便局の**郵便転送サービス**を使って、郵便物を子の家に転送する方法もあります。転送期間は申請から1年間ですが、延長手続きをすれば、その後も継続して利用できます。ただし、簡易書留や転送不要と書かれた親宛ての書類を転送することや入院中の親に代わって子の自宅に転送することはできません。また、判断能力のない認知症の親の郵便物を転送する場合、成年後見人以外はサービスが利用できなくなる可能性もあるので、郵便局の窓口で相談してみましょう。荷物に関しては、宅配業者によっては転送できるところもあります。

口座振替にするべき支払いチェックリスト

- □ 公共料金（電気、ガス、水道、電話、放送）
- □ 家賃、管理費、修繕積立金、駐車場代
- □ 税金（固定資産税、都市計画税）
- □ 介護保険サービス利用料
- □ 新聞
- □ 灯油などの燃料
- □ 生命保険料、医療保険料、火災保険料
- □ 警備会社
- □ インターネットサービスプロバイダ

支払いを忘れ、滞納の可能性もあるので、支払い状況の確認もしましょう。

郵便物の管理で困ること

1. 親宛て・家族宛ての未開封の郵便物を紛失してしまう
2. 郵便物を開封したあとに、大切な書類や請求書を紛失してしまう
3. 請求書を見逃し、支払いが滞ったり、延滞金が発生したりする
4. 同居している家族宛ての郵便物まで、勝手に開封してしまう
5. 郵便物をまめに確認しないため、ポストが郵便物でいっぱいになる

親の家に頻繁に帰れる場合は、ポストに鍵をかけて、郵便物を管理する方法もあります。

ポイント

可能な限り、口座振替に変更して、親の現金での支払いを減らしたほうが安心です。

57 ひとり歩き（徘徊）にＧＰＳ機器は有効か？

親はＧＰＳ機器を忘れずに携帯するか？

認知症の親が行方不明にならないよう、**ＧＰＳ機器**（衛星で現在位置を特定するシステム）を持たせておけば、親の居場所を特定できます。しかし、親が電池切れの携帯電話やＧＰＳ機器を持ち出すこともありますし、そもそも携帯しない場合もあります。

ＧＰＳ機器を持っていれば安心ではなく、**親にどうＧＰＳ機器を持たせるか、誰が忘れずに充電をするのかなどの課題をクリア**しなければ、意味がありません。バッテリーは数日でなくなる機器が多いので、理論値ではなく、実際の持ち時間を確認しましょう。

価格は５０００円くらいの見守りＧＰＳ機器からありますが、高い機種もあります。月々の通信費が別途かかるタイプもあります。

ＧＰＳ機器を使って捜索するときの注意点

ＧＰＳの精度は、その日の天候、屋内外か、ビルの谷間など条件によって変わるため、**数百メートルの誤差が生じることもあります**。またメーカーによって、表示される位置や誤差の範囲が違います。

ＧＰＳ機器を使った親の捜索は、**大枠のエリアの特定**には有効です。もし、親が行方不明になった場合、東京駅周辺にいることだけでも分かれば、捜索範囲を絞ることができます。

ＧＰＳ機器の更新頻度の設定は、１～２分間隔であれば、居場所の特定がしやすくなる代わりに、バッテリーを多く消費します。５分間隔にすると、バッテリーの持ちはよくなりますが、居場所の特定が難しくなります。メーカーの違うＧＰＳ機器を２台持たせれば、捜索範囲をより細かく特定できます。

GPSの更新頻度の問題

GPSの精度によっては、数百メートルの誤差があるため、実際は親が隣の通りを歩いていることもあります
……：実際に親が歩いた道順
○：GPS設定（2分間隔）
☆：GPS設定（5分間隔）
GPS機器で設定した時間間隔でのみ位置情報を取得するため、実際に親が歩いた道順が分からず、道順は建物等を突っ切って表示されます。

ポイント

GPS機器は大枠のエリアの特定には有効ですが、親がそもそもGPS機器をきちんと携帯するかをクリアにしましょう。

補助錠の活用

58 ひとり歩き（徘徊）を防止するための鍵の工夫

ひとり歩き対策をしても外出する親

認知症の親のひとり歩き（徘徊）は、さまよい歩くのではなく、以前住んでいた家に帰らなくてはいけない、勤めていた会社に行かなくてはならないなどの目的を持っています。ただ、時間に関係なく外出してしまうこともあるため、対策が必要です。

例えば、デイサービスやデイケアなど定期的に外出する機会を作ったり、昼間の運動を増やし、夜に眠りやすくすることで、夜間の外出を減らしたりする方法があります。それでも対策が不十分な場合は、親の命にも関わることなので、万が一の保険として、家の鍵で対策する方法をご紹介します。

鍵の対策を含め、複数の対策で対応する

玄関に複数の鍵を取り付ける方法がありますが、鍵の開け閉めに時間がかかってしまうので、シンプルに現在使っている鍵自体を見直しましょう。例えば、玄関の鍵がサムターン（室内側についているつまみ）方式であれば、サムターン自体を脱着できる鍵があります。また、親の家に介護で帰っているときは、家の内側からも鍵をかけられる**両面シリンダー錠**もオススメです。

親が玄関ではなく、勝手口や窓から外へ出る場合もあるので、防犯対策等で使われる窓用サッシの**補助錠**や、窓用のシリンダー錠の対策も有効です。

どんなにひとり歩きの対策をしていても、親が鍵を開けて外出してしまうこともあります。親が住む地域の認知症高齢者ＳＯＳ見守りネットワークの登録や、必ず携帯するかばんにＧＰＳ機器をつけるなど、**対策はひとつではなく、複数の対策を組み合わせる**ことで、より強化されます。

様々な補助錠と特徴

種類	用途	工事	費用の目安
脱着式サムターン	ドアを施錠したあと、サムターン部分だけ取り外すタイプ	必要	1万円以上
両面シリンダー錠	鍵穴が外だけでなく、室内側にもついているタイプ	必要	1万円前後
リモコン式補助錠	鍵が不要で、リモコンで開閉するタイプの補助錠	不要	3万円前後
ドアチェーンを利用した補助錠	ドアチェーンやドアガードに取り付けて二重ロックするタイプ	不要	3千円前後
南京錠タイプの補助錠	ダイヤル式の南京錠タイプの補助錠。鍵が不要	不要	2千円前後
スマートロックの活用	サムターンをカバーするタイプで内側の鍵を覆って見えなくする	不要	1万円以上

＊扉の形状によっては、取り付けができない場合もあります。
＊価格は執筆時点（2020年3月）のもので、変動します。

工事が必要な場合は、鍵の専門業者に相談してみましょう。

ポイント

ひとり歩きの鍵対策は、最終手段。その前にできることを、介護のプロに相談しましょう。

59

転倒防止グッズ

交通事故より多い家での転倒事故を防ぐ

まずは転倒しない住環境を整える

東京消防庁の高齢者の救急搬送データ（2018年）によると、転倒・転落による救急搬送が、全体の約8割を占めています。また、転倒場所は**屋内が9割**と圧倒的です。

認知症の場合、認知症でない人と比べて、**2倍以上転びやすい**と言われています。認知機能の低下で注意が行き届かないこと、認知症の薬による立ち上がりのふらつきなどが原因です。屋内の転倒対策を、左図にまとめました。離れて暮らす親の家をチェックして、転倒しない住環境から整備しましょう。

また、ヘルパーさんなど家に出入りする人に声をかけ、床にモノを置かないなど、親が転ばない住環境を維持することも大切です。ただし、バリアフリーが過ぎると、親の筋力強化の機会まで奪ってしまう可能性もあります。転倒事故が起こりそうな場所から、重点的に対策してください。

手すりの取り付け、段差の解消、滑りにくい床材への変更、引き戸等への扉の取り替えなど、介護保険の**住宅改修費**の支給対象に該当する場合もあるので、改修依頼の前にケアマネに相談してください。

転倒を予防するグッズ

転倒を予防するグッズもあります。**転倒予防靴下**は、筋力が低下したつま先を補強し、歩行時につま先が自然と上がるようになっており、小さな段差でつまずきにくくなります。また、**ヒッププロテクター**を利用すれば、大腿骨骨折の予防にもつながります。ただし、転倒予防グッズは、認知症の親が継続して使ってくれなければ意味がないので、部屋の中で転ばない住環境を整えることが先決です。

転倒防止のための対策

- スリッパを履かない
- 段差に蛍光テープを貼る
- 玄関で靴を履くときに座る椅子を置く
- 2階のものは1階に移動する
- 床にものを置かない
- 部分的な敷物は敷かない
- 敷物の下に滑り防止シートを敷く
- 敷居の段差をなくす
- 電気コードにひっかからないよう処理する

介護保険における住宅改修の流れ

順番	手続き
1	ケアマネジャーや包括に相談
2	施工業者の選択・見積依頼
3	事前に申請し確認・承認
4	工事の実施・完了
5	領収書の提出
6	住宅改修費の支給

「償還払い方式」：事前申請し、一旦全額を支払い、事後申請で改修費の払い戻しを受ける方式

「受領委任払い方式」：事前申請し、改修業者には、負担割合に応じた改修費のみ支払う方式

＊住宅改修費として利用できるのは、要介護（要支援）の認定区分に関わらず、上限20万円（消費税含む）。ただし、20万円から利用者負担分の1～3割は差し引かれて支給。限度額を超えた分は、全額自己負担。

ポイント

転倒による骨折から寝たきりになり、認知症の症状が悪化することもあるので、転倒対策をしっかりしましょう。

貼り紙の活用

60 貼り紙を使って親の自立を促す

貼り紙は大きくはっきり書く

認知症の親に注意を促したり、電化製品の使い方を教えたりする**貼り紙**は、介護にとても役立ちます。例えば、親がトイレの水洗ボタンの位置を忘れてしまったり、台所の水を流したままにしたりしても、壁に貼り紙をしておけば、忘れずに対応してくれる確率が高くなります。親と離れていると、直接伝えることができないので、**貼り紙にその役割を担ってもらい、親の自立を促します。**

貼り紙は親に分かるよう、文字は大きくはっきり書き、理解できない横文字言葉は使わず、簡潔な言葉を使いましょう。また、絵やイラストを加える、色を使うなどの工夫をすると、さらに分かりやすい貼り紙になります。貼り紙は、親の目につきやすい場所に貼らないと、効果はありません。

貼り紙の貼り過ぎに注意する

親に自立した生活を長く送ってもらいたいと思うあまり、子は貼り紙を家中に貼ってしまいます。認知症の人は、**複数のことに同時に注意を配るのが苦手**なので、貼り紙は貼り過ぎず、必要な場所に限定して貼りましょう。

貼り紙をセロハンテープで貼ると、紙がめくれたり、はがれ落ちたりすることもあります。また、親が理解したつもりになって、貼り紙は必要ないと、はがしてしまうこともあります。貼り紙を**ラミネート加工**しておけば、劣化することなく長期で利用できますし、強力な両面テープ等で接着しておけば、親は簡単にははがせなくなります。

また、腕に巻き付けるリストバンドタイプのメモは、バンドに直接書き込みが可能です。

家の中の貼り紙の例

- 水洗ボタンはこれです
- 照明のスイッチはこれです
- 電話の受話器は戻しましょう
- レンジの温めボタンはこれです
- 蛇口はきちんと閉めましょう
- トイレはここです
- お薬を飲みましょう
- 玄関の鍵をかけましょう

貼り紙の書き方のコツ（工藤家の例）

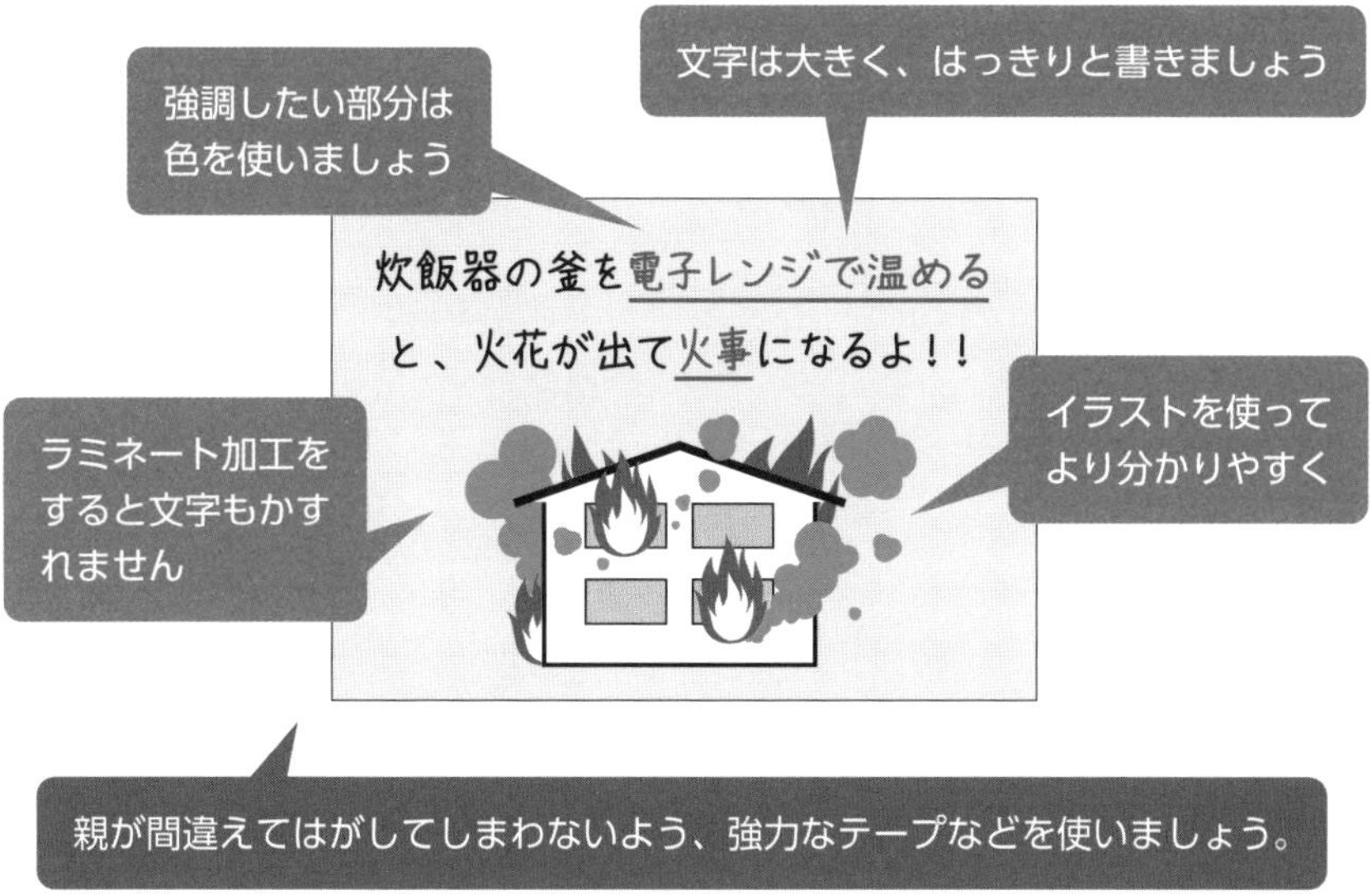
文字は大きく、はっきりと書きましょう
強調したい部分は色を使いましょう
炊飯器の釜を電子レンジで温めると、火花が出て火事になるよ!!
ラミネート加工をすると文字もかすれません
イラストを使ってより分かりやすく
親が間違えてはがしてしまわないよう、強力なテープなどを使いましょう。

ポイント

離れて暮らす親の自立には、貼り紙は欠かせません。分かりやすくはっきり表示しましょう。

61

家電の経年劣化

親の実家にある古すぎる家電に注意

30年以上経過した家電に注意

認知症の親に自立した生活を長く送って欲しいがゆえに、使い慣れた古い家電をあえて買い替えない場合もあると思います。壊れない限り長く使いたいという親の思いを尊重して、古い家電を使い続けている場合もあるでしょう。

そこで注意しなければならないのは、家電の長期使用による経年劣化が原因の死亡、重傷、火災などの**重大製品事故**です。経済産業庁の調査によると、最も事故の多かった家電は**扇風機**で、次いで照明器具、石油ふろがまの順でした。実家にある30年以上経った家電は、必ず一度動作確認を行ってください。

前に使っていたメーカーの家電に買い替える

家電を買い替えるとき、子は親を思って便利な機能がたくさんついた最新式の家電を選びがちです。しかし、認知症の親が、新しい機能を使いこなせるかどうかは分かりません。新しい家電の操作が分からなくなると、使うことをあきらめてしまって、**今までできていた生活習慣まで失う可能性もあります。**また、誤った操作から誤作動を起こし、親から何度も電話がかかってくるかもしれません。

認知症の症状が進行したとしても、シンプルで分かりやすく、**扱いやすい家電であれば、長く使える**可能性もあります。例えば、テレビのリモコンは、必要最小限のボタン数まで絞ったものが販売されています。

長年使っていた家電と同じメーカーの家電にすると、ボタンの配置や操作方法がそんなに変わらず、親も戸惑わずに済むので、**メーカーを変えないのも、**家電の買い替えのコツです。

経過期間別の経年劣化が原因と見られる事故の発生状況

扇風機は異常音がする、モーターが熱くなる、異様なにおいがする、不規則な回転をする、などしたときは、使用を中止しましょう。

	事故要因	～9年	10～14年	15～19年	20～24年	25～29年	30～34年	35～39年	40年～	合計
1位	扇風機	0	1	3	4	4	11	**39**	35	97
2位	照明器具（蛍光灯器具含む）	5	**14**	10	12	13	11	4	2	71
3位	石油ふろがま	0	5	**12**	6	8	9	2	0	42
4位	換気扇（レンジフード、 床下用含む）	1	1	3	3	5	**11**	**11**	1	36
5位	電気冷蔵庫	0	2	6	4	1	**16**	3	1	33
6位	エアコン	0	6	**7**	5	4	**7**	2	0	31
6位	石油給湯器	0	5	6	**8**	6	5	1	0	31

出典：経済産業省産業保安G製品安全課
「平成30年　製品事故動向について（データ集）」（2019年）

購入から30年を超える家電が、特に重大製品事故を引き起こしているので、買い替えを検討しましょう。

ポイント

重大製品事故に注意しつつ、新しい家電に買い替える場合は、認知症の親の立場にたって購入しましょう。

宅配弁当・栄養補助食品

62 離れて暮らす親の食事のサポート

認知症の症状が食事に影響しているかを確認する

「食べることは、生きること」と言われるほど、親の食事は大切です。離れて暮らす親の食事で注意すべき３つのポイントは、**親がどの程度自立して食事の準備ができるか、認知症の症状の影響が食事に出ていないか、栄養管理ができているか**です。

食事の準備では、調理はできても食材の賞味期限の管理ができなかったり、炊飯器の操作ができなかったりする場合もあります。認知症の症状の食事への影響については、認知症のタイプごとに、食事のタイミングで現れる症状を左表にまとめたので、親が当てはまるかチェックしてみてください。

栄養管理については、質素な食事が健康にいいと信じ、**低栄養状態**になる高齢者は多くいます。また、むせやすい、空腹を感じないといった症状や、献立を考えるのが面倒という理由から低栄養になることもあるので、**栄養補助食品**を活用してみてください。タンパク質やエネルギーを補給する食品、飲み込む力が弱い人に向けた食品など様々です。定期購入にしておけば、都度注文する必要もありません。

認知症の親の食事サポート

親の食事サポートは、介護保険サービスを利用して、ヘルパーさんに自宅で料理してもらう方法や、デイサービスの利用回数を増やして食事を見守ってもらう、民間の宅配弁当サービスを利用するなどの方法があります。人に頼らずに、子が自宅で調理をして、冷凍したものを定期的に送る場合や、親の家に子が定期的に通って調理を行う場合など、食事のサポート方法は様々です。食事は毎日のことなので、無理のない食事サポートを選択しましょう。

認知症別食事の問題点

認知症のタイプ	問題点
アルツハイマー型認知症	・お皿が多いと、食べ方を忘れる ・食器の使い方が分からない ・急に味の濃い料理を好む ・甘いものが好きになる
レビー小体型認知症	・パーキンソン症状による震え ・幻視によって、食事に虫が入っていると思い込む ・嚥下障害
前頭側頭型認知症 （ピック病）	・同じ食材にこだわり、それればかり食べる ・早く食べ過ぎる
脳血管性認知症	・むせやすい ・料理が残っているのに食事を止める

親の食事チェックポイント

食事の準備	□	冷蔵庫の食材の賞味期限は管理できるか
	□	ワンプレートがいいのか、皿を分けるか
	□	親の生活リズムと宅配弁当の配達時間は合っているか
	□	宅配弁当の容器が同じで、料理の違いに気づいているか
	□	宅配弁当はきちんと手渡しされているか
症状の影響	□	義歯の状態に問題はないか（噛む力）
	□	料理の好き嫌いに変化はないか
	□	特定の食材ばかり食べていないか
	□	飲み込む力は落ちていないか
	□	食事したことは覚えているか
	□	食べ物ではないものを、口に入れていないか
栄養状態	□	食事の量は適正か
	□	手軽な食材（菓子パン、お寿司など）に偏ってないか
	□	質素な食事を意識し過ぎて、肉を避けていないか

ポイント

認知症の親が自立して食事をとれるかどうかに加え、栄養状態にも気を配りましょう。

Column

最新家電への苦手意識を克服した先にあるもの

家族や親族を総動員し、時間やお金を費やして、自己犠牲を払いながら、親の介護をしている方にとって、**介護は総力戦**なのかもしれません。

わたしは自己犠牲を払った介護にしたくないので、この章でご紹介した道具を積極的に活用します。もうイヤだ、介護なんかやりたくないと思うほどの困難に直面したときは、大手通販サイトやお店で、介護に応用できそうな商品を探し、もっとラクできる方法を考えています。

わたしが遠距離介護を始めた2012年当時と、現在を比べてみると、見守りカメラが進化し、スマート家電などの新しい製品が登場したおかげで、介護は劇的にラクになりました。おそらくこの先もネットの回線速度は速くなり、便利な道具が増え、誰も想像できないような介護に変わっていくでしょう。

こうした最新の道具やツールに対して、苦手意識を持つ女性やシニア世代が多くいるのも事実です。一方で、わたしのブログや講演会にいらっしゃる方の中には、70代女性でスマートスピーカーを使いこなしている方や、電話ではなく見守りカメラを使った親への声かけを実践している女性もいます。

苦手意識を持つ方の多くは、**導入時の初期設定が分からず、自分にはハードルが高い**と考えているようです。しかしこの設定さえクリアすれば、使い方だけ覚えればいいので、まずは初期設定をお願いできそうな家族や友人を、探してみましょう。

どんなに離れ、どんなに会えなくても、母とわたしをつないでくれる**道具やツールがもたらしてくれる安心感は、遠距離介護の心の支え**でもあります。苦手意識というハードルを越えた先には、皆さんの想像を超える大きな安心と快適さが待っています。

6章

亡くなる前と後にやるべきこと

人生会議

63 親の人生最終段階の話し合い

人生会議は親の意思表示ができるうちに

認知症の祖母の子宮頸がんが見つかり、医師から余命半年と告げられたときには、祖母は自分で意思表示できる状態になく、孫のわたしが中心となって、治療方針や延命措置といった重大な決断を家族の代理で行いました。正解のない命の代理判断は、精神的負担が重く、今でもこれでよかったのかと後悔することもあります。

認知症が進行する前に、親が大切にしていることや希望する医療・ケアについて話しておかないと、いざというとき病院や施設から親の意向を求められた際に悩むだけでなく、**子の都合や医師の治療方針を優先してしまう**可能性もあります。

人生会議とは、人生の最終段階において、どんな医療や介護を受けたいかを自分自身で考え、信頼できる人と話し合っておくことを言います。人生「会議」という言葉どおり、親や家族だけで考えるのではなく、信頼できる人や医療・介護チームと、**話し合いの場**を持たなければなりません。

人生会議は1回で終わらない

人生会議の特徴は、**繰り返し話し合いを続ける**ことです。そして、動画やメモなど、毎回記録に残しておくことも大切です。会議を繰り返す理由は、親も子も意思が揺れ動くからです。医師やケアマネなどの専門職から、様々な選択肢が示され、その都度迷います。延命を希望していなかったものの、やはり延命措置を行おうと気が変わる可能性もあります。わたしは祖母の苦い経験から、余命1か月と宣告された父の最期は、本人の意思をすべて確認し、希望どおりの最期を実現しました。

親の判断能力が低下する前に家族が確認しておきたいこと

- 在宅で看取るか、病院で看取るか
- 自然な最期を迎えるか、積極的な治療を行うか
- 胃ろうを行うかどうか
- 人工呼吸器をつけるかどうか
- 心肺蘇生を行うかどうか

人生会議の進め方

ステップ1	**考えてみましょう**	大切にしていることは何かを考えましょう
ステップ2	**信頼できる人が誰かを考えてみましょう**	あなたが信頼していて、いざという時にあなたの代わりとして、受ける治療やケアについて話し合ってほしい人は誰か
ステップ3	**主治医に質問してみましょう**	①病名や病状、予想される今後の経過 ②必要な治療やケアについて (現在病気療養中ではない方はこの項目は省略してください)
ステップ4	**話し合いましょう**	「治癒が不可能な病気」になり、回復が難しい状態になった時のことを考えてみましょう
ステップ5	**伝えましょう**	話し合いの内容を信頼できる人や医療・介護従事者に伝えておきましょう

出典：木澤義之「これからの治療・ケアに関する話し合い-アドバンス・ケア・プランニング-」(2017年)

ポイント

親が意思表示できるうちに、人生会議を行いましょう。家族だけでなく、医療介護関係者と話し合いを。

エンディングノート

64 自分で判断できなくなる前に親の意思を知る

親と意思疎通ができるうちにノートを書く

親が元気で判断能力があるうちに、人生の最期について話し合うといっても、子は具体的に何を聞いたらいいか分かりませんし、聞きづらいことなのできっかけ作りが難しいかもしれません。そんなときに役立つのが、**エンディングノート**です。自分の身に何かあったとき、預貯金、生命保険、不動産、友人や親族などの連絡先、人生の最終段階における治療や介護の方針、葬儀やお墓をどうするかを、親族などに知らせるために書き残しておくノートのことです。**遺言書のような法的拘束力はなく**、ノートの書き方に決まりはありません。認知症が進行すると、親から情報を引き出すことが難しくなるので、**親との意思疎通ができる段階**で、分かるところから書いていきましょう。祖母の命の代理判断を任された経験から、**本人の意思に沿って医療や介護を進めることが、いかに大切か**を痛感したので、亡くなった父ともノートをベースに話し合いましたし、認知症の母のエンディングノートも書きました。

エンディングノートは親子一緒に書く

エンディングノートは、親に渡して書いてもらうのではなく、親子一緒に話し合いながら書いたほうが、親の思いをより理解できます。もし、親が文字を書けなくなったとしても、話すことができるのなら、動画や音声として残しておくと、他の家族や親族とも共有しやすくなります。

親が生きている間、気持ちや考えが変わることはよくあるので、何度もエンディングノートを見直し、その都度更新しましょう。自治体による、エンディングノートの無料配布が増えています。

エンディングノートに書き残すことの例

項目	内容
基本情報	名前、住所、本籍、生年月日、電話、**保険証番号、運転免許証番号**
資産・借金	**預貯金（普通預金、定期預金）の預け先・口座番号**、口座自動引き落とし、**有価証券、不動産、借入金・ローン、貸金庫、トランクルーム、借金の保証人、貸したお金、**クレジットカード、電子マネー、**生命保険、医療保険、個人年金保険、火災保険、自動車保険、年金（公的、私的）**
家族・親族	家族、**親族一覧**、家系図、親族の命日、冠婚葬祭（香典・祝儀の記録）
友人・知人	**大切な友人、知人の連絡先**
医療・介護	**かかりつけ医、お薬、病歴、余命宣告・告知、介護の方針**
葬儀・お墓	**葬儀の規模、希望する葬儀社、葬儀費用、喪主、葬儀に呼ぶ人、香典、戒名、遺影、お墓**
相続・遺言	**遺言書の有無、依頼している専門家**
その他	携帯・パソコンのパスワード、コレクション、ペットの情報

太字になっている部分は、特に聞いておきたいことです。

＊書いた日付を残しておけば、いつの時点での親の意思か分かります。
ノートの保管場所は忘れずに覚えておいてください。

ポイント

認知症が進行する前に、親の意思をエンディングノートに書き残しておきましょう。

65

家族の心がまえ

通常時とは違う看取り直前の介護

看取り期は介護の態勢が大きく変わる

看取り期と呼ばれる時期の介護は、通常時の介護とは違い、介護に関わる頻度が増えます。病院、施設、ケアマネと調整したり、親の日常生活をサポートしたりするなど、多忙になります。

認知症の親の意思疎通が難しくなると、自分の症状がうまく訴えられなかったり、自己判断ができずに、病院や施設から家族としての意向を求められたりします。また、これまで介護に関わってこなかった親族が急に介入し、家族間の調整に追われる可能性もあります。

わたしの祖母や父の看取り期の介護も、医療や介護との調整と家族間調整の連続で、大変な思いをしました。**忙しい看取り期になる前に、エンディングノートを準備しておけば、**病院などから家族の意向を求められても、慌てずに答えられます。

看取り期の介護は「自分の健康」を最優先

親の最期の瞬間に立ち会いたくとも、急に亡くなってしまうこともあります。逆に、余命宣告の期間以上に、親が頑張って長生きすることもあります。

看取り期の介護で最も大切なことは、**自分の健康**です。もし、余命宣告の期間以上に親が生きてくれたとき、自分がボロボロになっていたら介護が続けられなくなります。また、親が亡くなったあとにやってくる葬儀の手配や役所の手続きにも影響します。

看取り期は緊急事態なので、職場や家族の協力も得やすい状況にありますが、最期の瞬間までキーパーソンとしての役割を全うしなくてはなりません。そのためにも、無理のない介護を行い、周りからのサポートを積極的に受けましょう。

亡くなる2～3か月前とそれ以前との介護支援の頻度

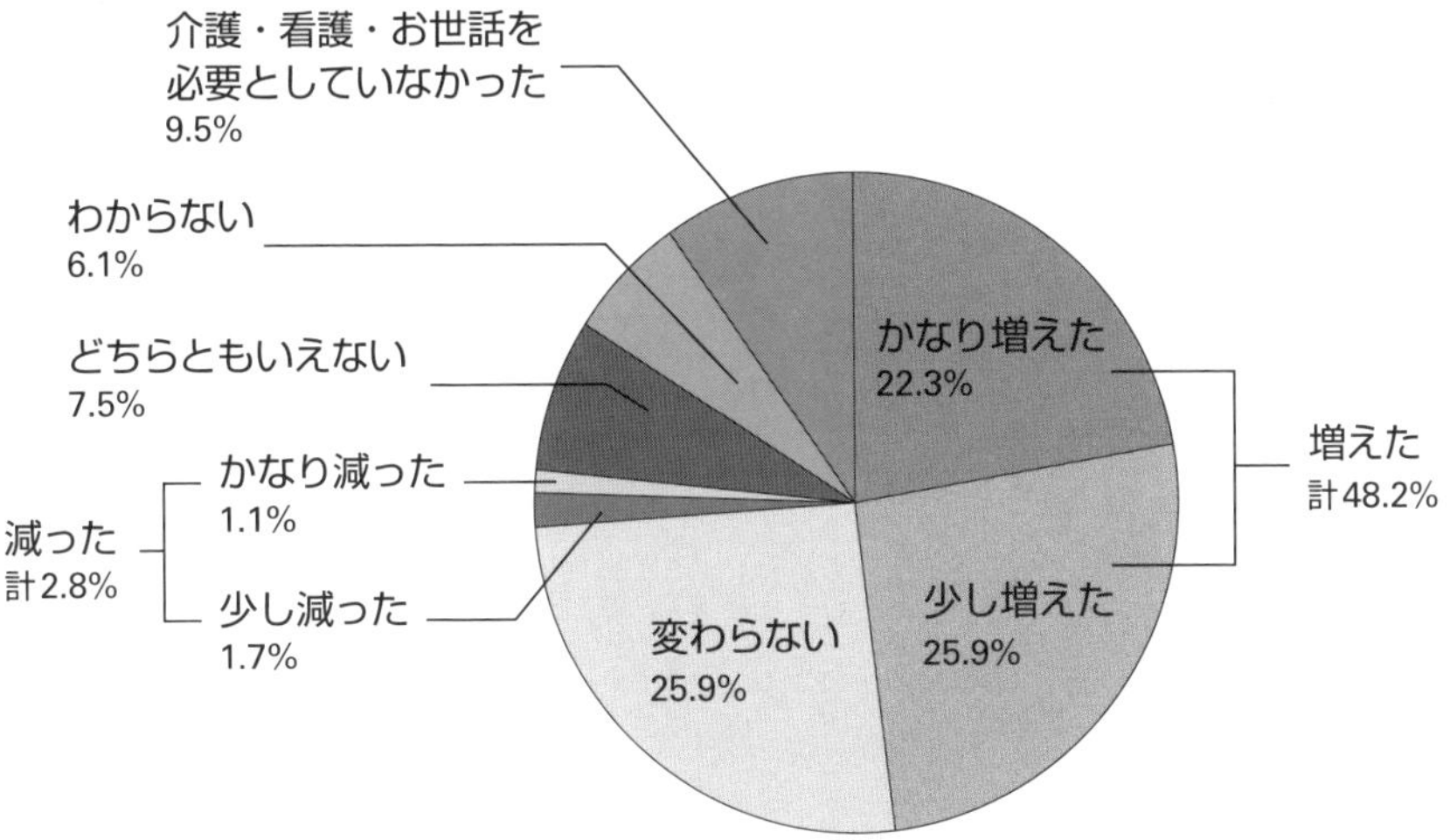

出典：みずほ情報総研「看取りの経験者を対象にしたアンケート結果について」（2018年）

人生の最終段階で行った支援

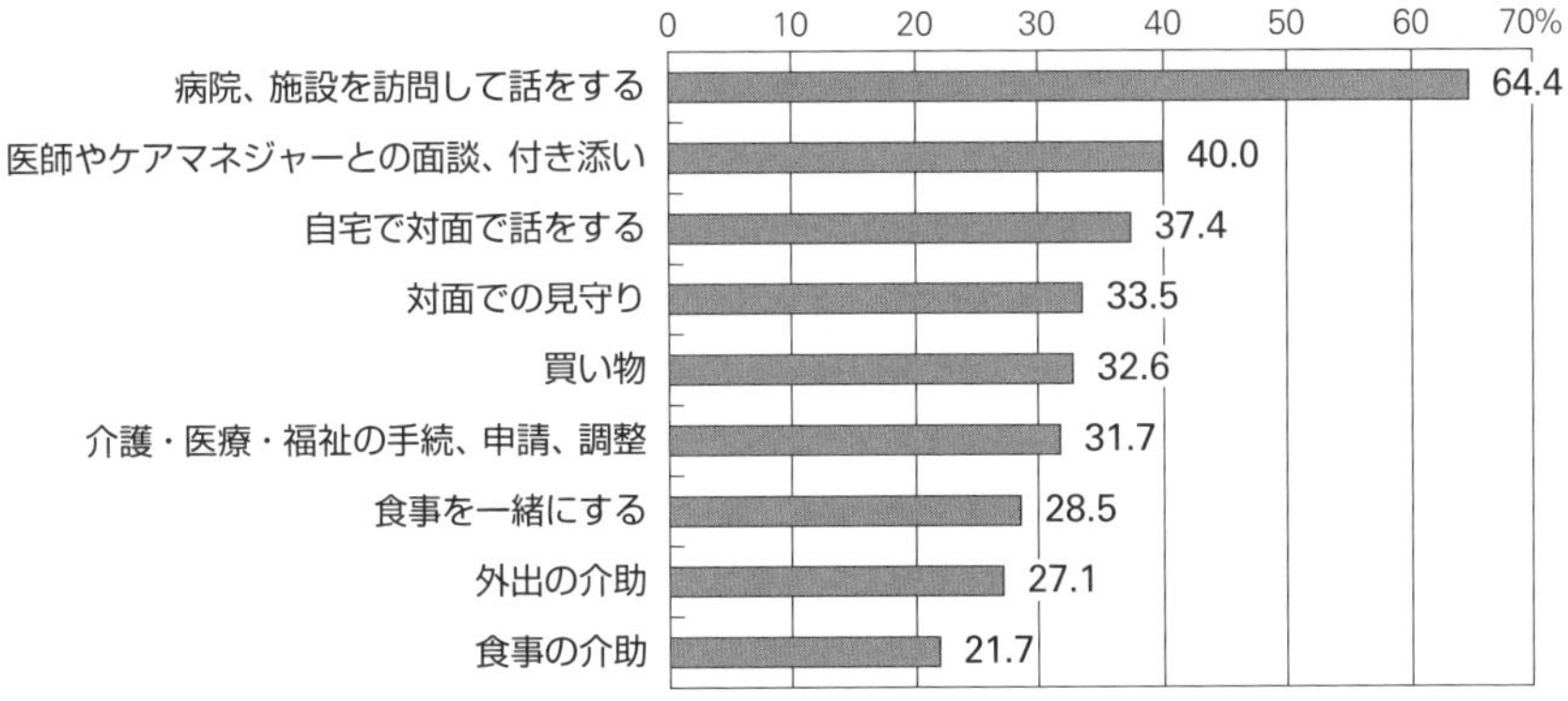

出典：みずほ情報総研「看取りの経験者を対象にしたアンケート結果について」（2018年）より著者作成

ポイント

看取り前の介護は、通常時の介護より精神的・肉体的にも大変になるので、無理せず自分の健康を第一に考えましょう。

看取りの場所

66 最期はどこで看取るのか

認知症と認知症以外で違う看取りの希望場所

厚生労働省の調査によると、**約6割**の国民が「自宅で最後まで療養したい」「自宅で療養して、必要になれば医療機関等を利用したい」と回答しています。ところが認知症が進行し、身の回りの手助けが必要で、かなり衰弱が進んだ場合は、**自宅より病院や介護施設で過ごしたい人の割合が増えます。**理由は、自宅では家族に迷惑をかけてしまうと考えるからです。

亡くなった祖母の看取りも、病院でした。介護が始まったときには、すでに認知症が進行していたため、祖母の意思は確認できませんでした。当時は在宅医療や自宅で看取る選択肢を知らなかったのですが、今なら病院の面会時間や周りの目を気にする必要のない、自宅での看取りを選びます。

最期は自然に看取るか医療的ケアを望むか

病院で看取る場合は、**ターミナルケア（終末期医療）**が行われ、点滴や酸素吸入といった**医療中心のケア**が行われます。在宅でも、ターミナルケアは受けられます。似た言葉で、**看取り介護**があります。こちらは、終末期に自宅や施設で提供される食事、排泄など、**日常生活の介助**を中心に行うものです。看取り介護を実施している施設は多いですが、中には実施していない施設もあります。

最期は自然な看取りを望むのか、ギリギリまで医療的なケアを望むのかによっても、看取りの場所は変わってきます。改めて人生会議で話し合ってきたことやエンディングノートなどで、親の意思を確認し、病院、介護施設、自宅のうち、どこで看取るかを考えましょう。

ケース別終末期を過ごしたい場所

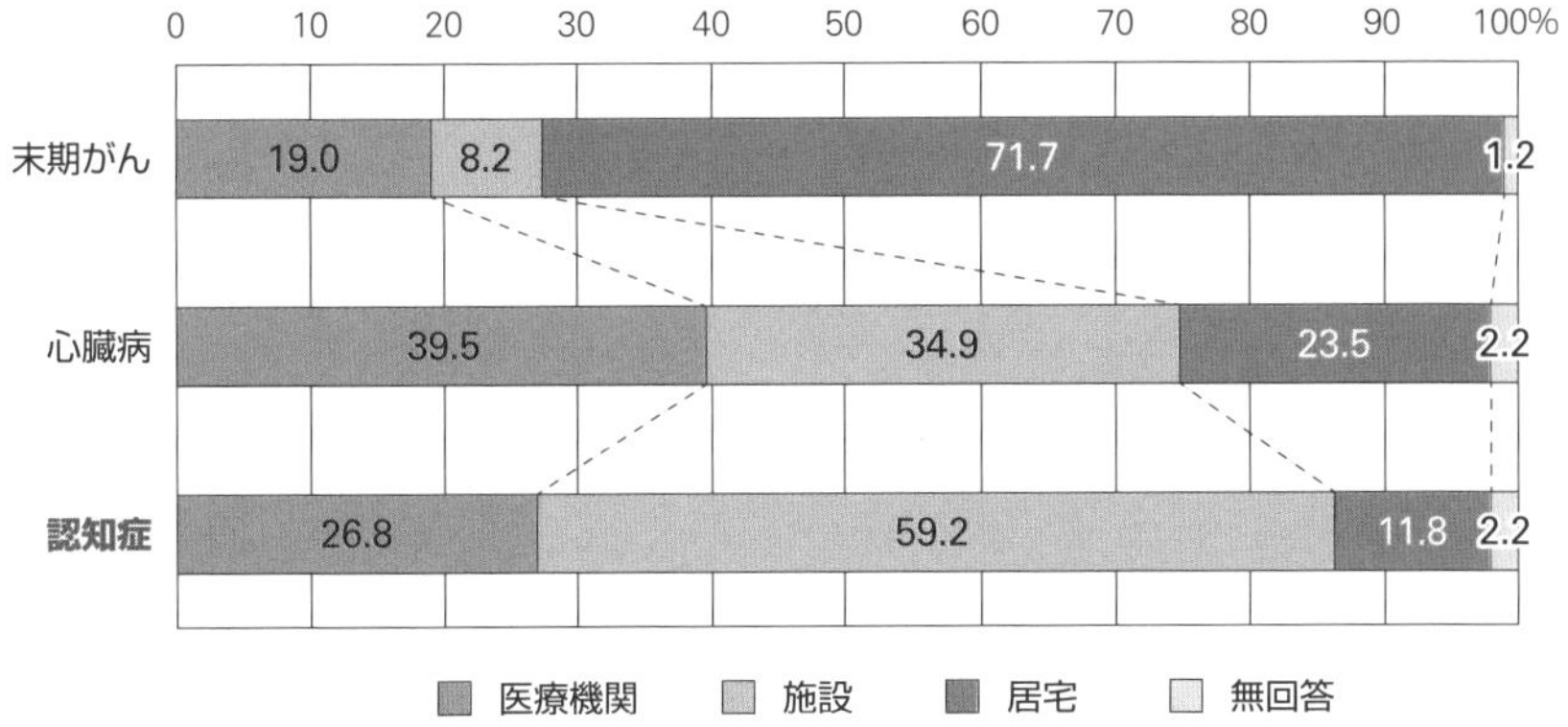

出典：厚生労働省「平成29年度 人生の最終段階における医療に関する意識調査結果（確定版）」より著者作成

在宅と病院・介護施設での看取り メリット・デメリット

	メリット	デメリット
在宅	・面会時間を気にしなくていい ・周囲の目を気にせず、リラックスできる ・食事の時間が自由 ・親の好きな空間を作ってあげられる ・最期にしっかり介護ができたという時間を積み重ねられる ・遺体とゆっくり向き合える	・医師や看護師が近くにいないという不安 ・一部医療ケア（胃ろうやストーマ）を家族が管理することもある
病院・介護施設	・医師や看護師、介護福祉士などプロが近くにいる安心感 ・身の回りの世話をお願いできる ・家族が一緒にいなくても、プロが見ていてくれる	・面会時間が限られる ・周囲の目が気になる ・食事の時間が決まっている ・最期の瞬間が分からないので、いつまで通うことになるか分からない ・亡くなったあと、遺体をすぐ引き取る必要がある

死までのプロセス

67 人生の最期を迎えるまでのステップを知っておく

亡くなる1週間前からサインが現れる

看取り期を迎えた親は、個人差はありますが、**亡くなる1週間前くらいから、左表にあるような様々な身体の変化やサインが現れます。**

初めて見る親の変化に驚き、気が動転し、落ち着かないかもしれません。しかし、こうしたサインをあらかじめ知っておくことで、心の準備ができますし、親と落ち着いて向き合うことができるかもしれません。少しでも心に余裕があれば、親の最期を覚悟したり、懐かしい思い出を回想したり、親と一緒にいる時間を大切にできるので、残された貴重な時間をムダにせずに済むかもしれません。

認知症はロング・グッドバイ

アメリカでは、認知症のことを**ロング・グッドバイ（長いお別れ）**と言うこともあります。親の認知症が徐々に進行し、できないことや分からないことが増えていく、そのプロセスを間近で見る家族にとってはまさに、親がゆっくりと遠ざかっていくような長い長いお別れなのかもしれません。22ページでご紹介した、介護をする家族がたどる第4ステップの『受容』に到達している皆さんなら、亡くなる1週間前のサインよりはるか前から、このときを覚悟し、受け入れる準備ができているように思います。

しかし、死が近い親の姿を目の当たりにして、受け入れていたはずの気持ちが揺れ動くかもしれません。**納得できる最期を迎えられた家族は、そうでない家族と比べて、亡くなったあとの後悔は少ない**と言われています。サインと向き合いながら、残された時間の中で何ができるかを考え、後悔のない看取りにしましょう。

亡くなる直前の兆候

時間	症状
1週間前	・食べられなくなる ・眠っている時間が長くなる ・飲み込みが悪くなる ・一時的に元気になったり、意味不明な言葉を発したりする ・身体を動かし続けることがある
3日前	・尿が少なくなる ・口が乾燥し、言葉が出にくくなる ・痰がからみ、ゴロゴロする ・手足が冷たくなり、紫色になる
旅立ちの日	・手足が冷たくなる ・あごを上下させながら呼吸する ・耳は最期まで聞こえる ・呼吸が荒くなったり、ゆっくりになったりする

症状や時期には個人差があるので、この通りになるとは限りません。ムリに食事を与えたりせず、本人の好きなようにさせてあげましょう。

死を前にした本人に接する人のつらさ

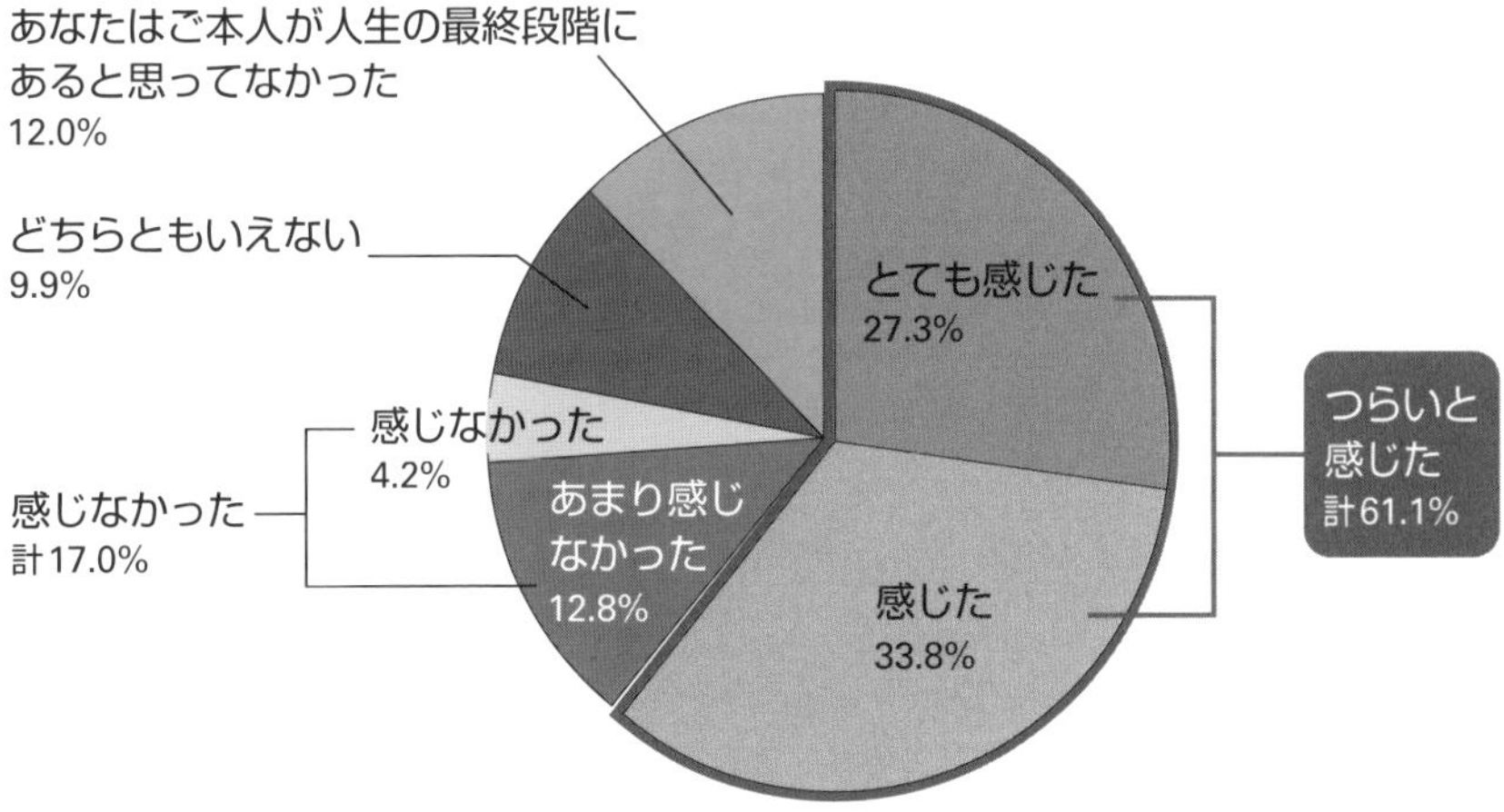

出典：みずほ情報総研株式会社「看取りの経験者を対象にしたアンケート結果について」（2018年）

葬儀社探し

68 親の地元の葬儀社を見つけておく

葬儀社は没後半日以内に決める人が6割

親を看取ったあと、すぐに葬儀社を決める必要があります。病院や介護施設で亡くなった場合、長い間の遺体の安置はできず、葬儀を行うセレモニーホールや自宅などに、すぐ移動しなければなりません。葬儀社の決定は、**没後から半日以内が6割**というデータからも、多くの方が事前に葬儀社を決めていないことが分かります。

祖母が亡くなった直後に「葬儀社は決まってますか？」と病院から初めて言われたとき、あまりに商業的な言葉にショックを受けました。しかし、病院の霊安室スペースに余裕がないためで、父のときは、生前に葬儀社を決め、そこにお願いしました。

認知症の親の場合、元気で意思表示ができるうちに葬儀の話をしなくてはなりません。縁起でもない、葬儀の話なんかしたくないという気持ちは分かるのですが、亡くなる直前はもっと聞きづらいですし、親を亡くしたショックの中で葬儀社を短時間で決めるほうが、精神的にも肉体的にも疲れます。

葬儀費用は誰が負担するのか？

親が互助会等で葬儀費用を積み立てていれば、葬儀社の決定もスムーズですが、そうでなければ葬儀費用は誰が負担するかを、すぐ決めなくてはなりません。改正相続法により、亡くなった親の１つの金融機関から、最大で**150万円**お金を引き出せます。

余裕を持って親を送り出すためにも、また喪主の役割をしっかり果たすためにも、**葬儀社は早めに決めておきましょう。**葬儀社との事前相談では、親の意思が書いてあるエンディングノートが役に立つので、忘れずに持参しましょう。

葬儀社を決めるまでにかかった時間

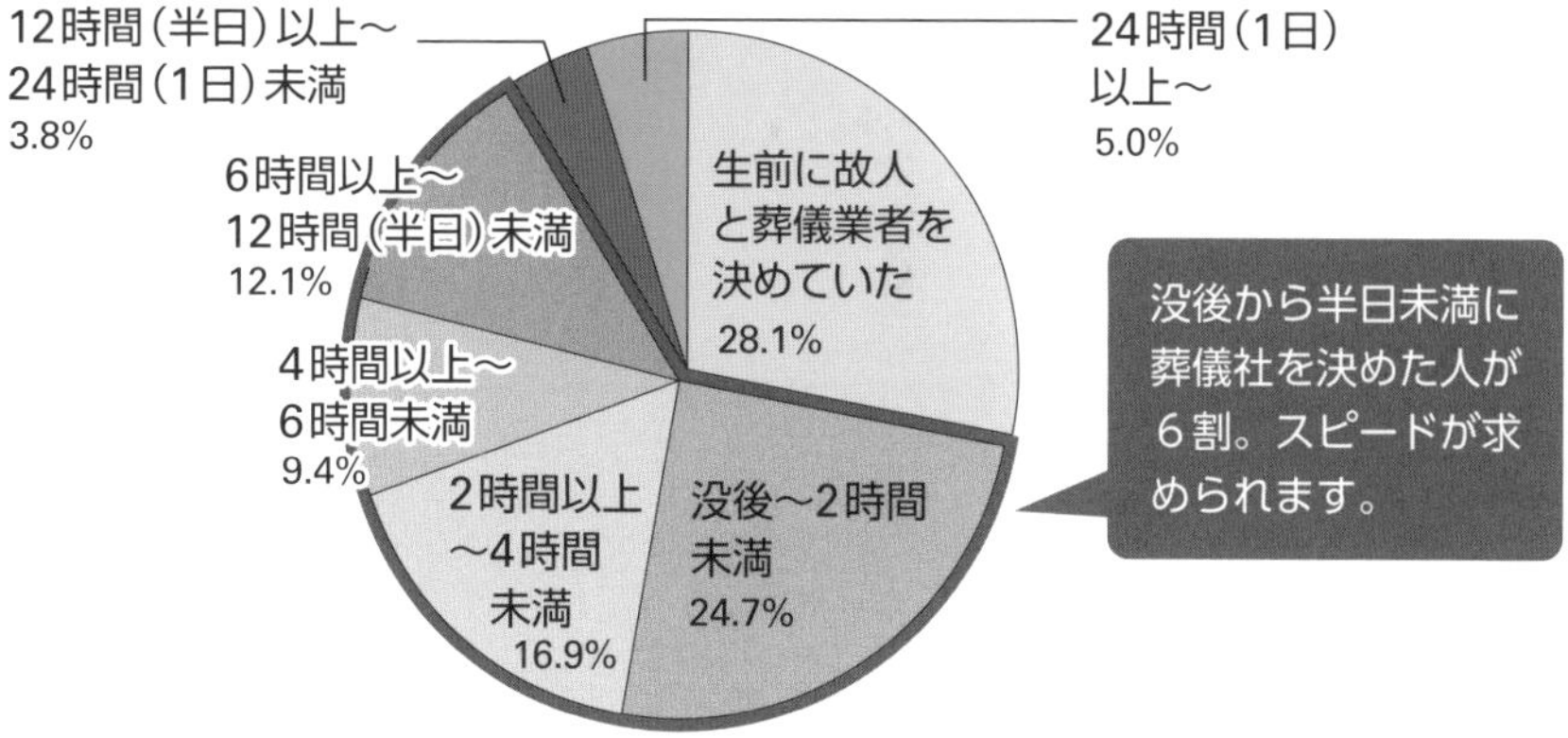

出典：株式会社鎌倉新書「第4回お葬式に関する全国調査」（2020年）

親が元気なうちに確認しておくべき葬儀のポイント

葬儀の実施	□	盛大に行うか、家族だけか、やらないか
菩提寺の確認	□	名称、宗派、連絡先はどこか
宗教宗派の確認	□	仏教式・神道式・キリスト教・その他のどれか
葬儀会場	□	生前予約しているか、互助会の会員か
葬儀の流れ	□	お通夜→葬儀・告別式→火葬、火葬のみなど希望があるか
葬儀の費用	□	貯金や保険など準備しているか
喪主	□	誰に喪主を任せたいか
遺影	□	使いたい写真があるか
香典・お花	□	もらうか辞退するか
参列者	□	葬儀に呼びたい人、呼びたくない人がいるか
棺に入れるもの	□	棺に入れたいものがあるか
戒名	□	戒名にお金をかけるか、必要か

ポイント

余裕をもって葬儀に臨むためにも、葬儀社は生前に決めておきましょう。

69 亡くなったあとの手続きを効率よく進めるために

葬儀の手配と役所の手続きを同時に始める

東京在住のわたしは、祖母と父の死亡後の手続きを岩手で行いました。帰京する日が決まっていたため、短期間で手続きを終わらせる必要がありました。

効率よく進めるためには、**葬儀の手配と役所の手続きを同時に**始めないと完了しません。火葬や葬儀の手配は、火葬場やお寺の混み具合、暦の都合などにより時間がかかる場合があります。特に費用の安い公営の火葬場は、地域によっては長く待たされることもあります。役所の死亡関連の手続きは、通う窓口も提出する書類の数も多いため、うまく回らないと、何度も足を運ぶことになってしまいます。

また、大切な人を失ったショックから、思うように手続きが進められないこともあります。葬儀の手配は親と話し合っておけば、時間を短縮できます。

親が亡くなったあとの手続きチェックリスト

手続きで優先順位の高いものは、**期限があるもの**です。また、**毎月の支払いが継続されるもの**を優先して、手続きを終わらせてください。**葬祭費や未支給年金、生命保険の死亡保険金**など、受け取れるお金も多いので、漏れなく受給手続きをしましょう。死亡届を提出した際に、役所の手続きリストを入手できますし、一つの窓口で、手続きを完了できる自治体もあります。リストには載っていなかった、ＮＨＫや携帯電話、空き家になった家の火災保険の手続きなどもあったため、左表にまとめました。

手続きが終わったあとも、親の残した遺産を、相続人同士でどう相続するかを話し合う**遺産分割協議**が待っていますが、これらの手続きのように、短期間で終わらない場合もあります。

親が亡くなったあとの手続きチェックリスト

届け出	説明	場所	提出期限
死亡届	死亡届の右側が死亡診断書で、亡くなった病院などが死因や死亡時刻を記載する。死亡届で埋火葬許可証をもらえる。葬儀社が代行してくれるケースが多い	市区町村役場	7日以内
相続専用の銀行口座の開設	相続手続きが終わるまで親の銀行口座は凍結される。香典や年金の入金、葬儀代の支出があるので、専用の銀行口座を作っておくとお金の流れが明確に分かり便利	銀行	口座を作るなら、すぐ作成
未支給年金の受給	受給権者死亡届を提出し、亡くなった時点での未支給年金を受け取る。年金の支払いは偶数月。8月の支給は6月、7月の2か月分	年金事務所 年金相談センター 市区町村役場	厚生年金 10日以内 国民年金 14日以内
国民健康保険、後期高齢者医療保険の喪失届	被保険者証を返還すると、喪主や相続人代表に対して葬祭費が支給される。葬祭費の期限は2年以内	市区町村役場	14日以内
介護保険被保険者証、介護保険負担限度額認定証・負担割合証の返還	返還すると還付金が発生することがある。還付金は相続税が発生する。未納の場合は、相続人が支払う	市区町村役場	14日以内
遺族年金の手続き	生計を担っていた夫が亡くなった場合、妻が遺族年金対象になるかどうかを確認する	年金事務所 年金相談センター	5年以内
携帯電話の解約	キャリアごとに持参する書類や持ち物が違うので、事前確認が必要。解約自体の手数料はかからないが、端末の分割払い残金や解約日までの通話料を請求されることも	携帯電話会社	なるべく早く
電気・ガス・水道の解約	親の不動産をどう処分するかによる。遺品整理や売却など期間を要する場合もあり、電気や水道はすぐ止めないほうがいい場合もある	電気、ガス、水道会社	なるべく早く
NHKの解約	NHK受信料の解約は0570-077-077に電話すると、電話のみで解約手続き可能。受信料を前払いしている場合、還付されることも	NHK	なるべく早く
生命保険の保険金請求	生命保険会社へ電話連絡。死亡保険金は原則、遺産分割の対象にはならない	生命保険会社	3～5年
自動車保険の解約	車も相続財産になるので、まずは遺産分割協議から。名義変更をしないと売却・廃車ができない。自動車保険の名義変更が必要になる	損害保険会社	なるべく早く
家屋の火災保険	親の不動産を空き家にしておく場合は、空き家状態であることを申告しておく	損害保険会社	なるべく早く

空き家の管理

70 亡くなった親の家をどう処分するか

売却が決まっていない空き家は管理が必要

介護や葬儀が終わっても、親の残した空き家をどうするかによっては、引き続き親の実家へ通わなくてはなりません。わたしも父のマンションの売却が終わるまで、何度も足を運びました。親の不動産は、**売却**するか、**賃貸**として貸し出すか、残された家族が**住み続けるか**、しばらく**空き家**として残しておくかになります。

一軒家を売却する場合ですが、放置期間が長くなれば、築年数が経過し、外壁の落下など劣化が進み、資産価値がどんどん目減りしていくため、早く売却したほうがいいです。マンションの場合も、管理費や修繕積立費などが、売却先が決まるまで毎月かかります。賃貸として貸し出す場合は、リフォームやハウスクリーニングの追加費用が発生することもあるので、どれくらいで回収できるかまで考えましょう。また、誰に相続するかを決めるまでの間や、買い手や借り手が見つからない間も、一時的に実家の管理が必要になる場合があります。

空き家管理サービスを利用する

親の実家になかなかいけない場合は、空き家管理を代行する**空き家管理サービス**を利用しましょう。

空き家を放置し、倒壊しそうになったり、不衛生であったり、景観を損なう状態になると、自治体から**特定空き家**と判断され、勧告を受ければ、**固定資産税が最大で6倍になる**可能性があります。

ちなみに空き家管理サービスは、介護施設への入居が決まったり、長期入院で家を空けたり、親を子の家に呼び寄せて、親の家が空き家になるようなときなどにも利用できます。

空き家に潜むリスク

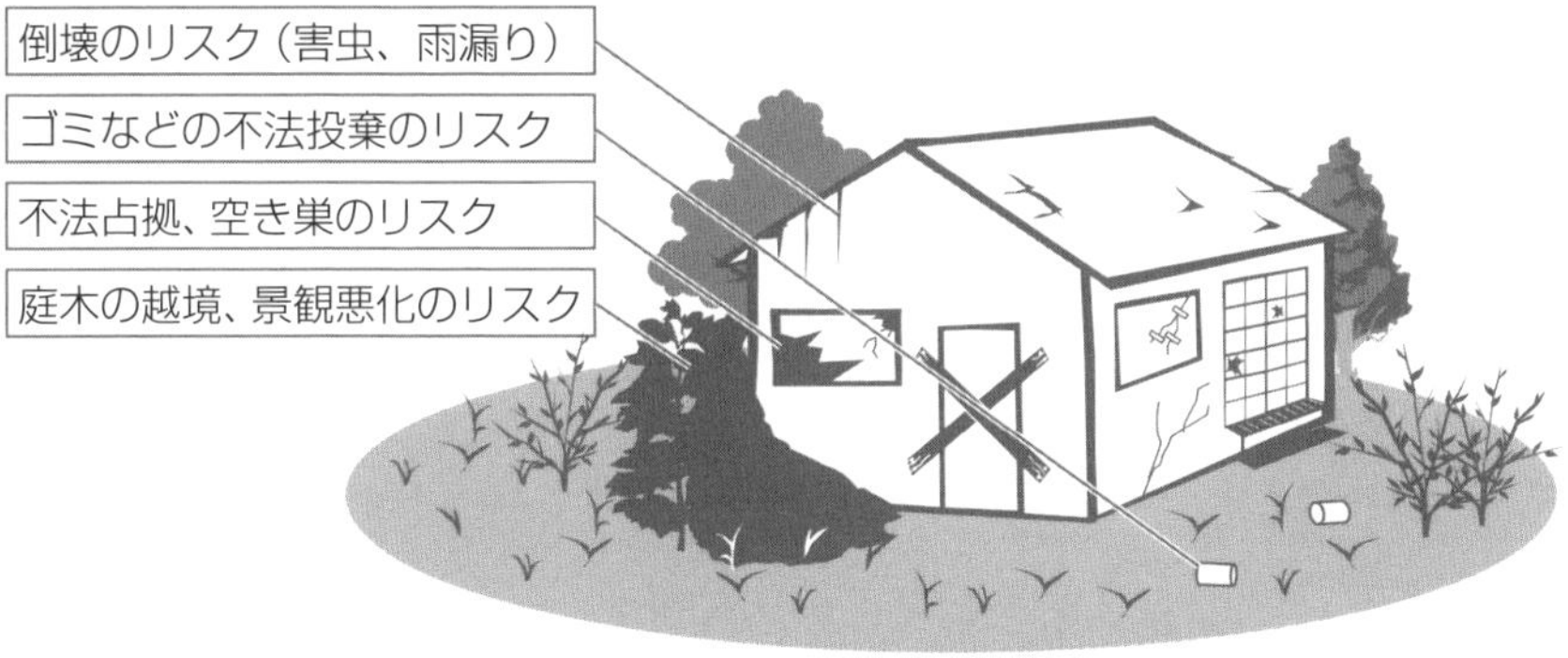

空き家管理サービスの主な内容

	サービス内容
室内	家の通気や換気
	簡単な定期清掃
	通水
	雨漏りチェック
	冬場の水抜き
室外	外壁のチェック
	庭木の状態チェック、草刈り、清掃
	ポストの郵便物管理
	雪かき、屋根の雪下ろし
代行	ご近所への挨拶
	管理看板の設置

ふるさと納税の返礼品として空き家管理サービスを扱う自治体もあります。

ポイント

介護や葬儀が終わっても、親の家の処分のために、しばらくの間、帰省が必要になる場合もあります。

71 離れた親のお墓参りはどうする？

家から離れたお墓を引っ越す？ 代行を頼む？

介護中は、認知症の親の呼び寄せに慎重だった方でも、お墓の引っ越しなら構わないと考える方もいるかもしれません。お墓を引っ越す（**改葬**）には、石碑と遺骨をまるごと引っ越す方法や、石碑を立て、遺骨を移動し、前のお墓を処分する方法、骨の一部を分骨して納骨堂を利用する方法などがあります。

あるいは、お墓はそのままにして、自分の代わりにお参りをお願いする**墓参り代行サービス**があります。墓石の清掃、墓地の草むしり、お墓の様子を写真で撮ってレポートする、お花を飾るなどのサービスがあり、主に石材店や便利屋がサービスを提供しています。最近では、ふるさと納税の返礼品として、墓参り代行サービスを扱う自治体もあります。

空き家管理サービス同様、親の生きている間でも、長期入院や施設入居などでお墓参りができなくなった場合にも、このサービスを利用できます。

墓じまいするという方法もある

お墓の跡継ぎがいない、管理費の負担が重い、お墓が遠くにあって、高齢で移動が大変などの理由から、お墓の管理を負担に感じ、更地にする**墓じまい**が増えています。改葬先として、公営墓地などにある**合葬墓**や、お寺や霊園などにある**永代供養墓**などがあります。契約時にお金を支払えば、以降の維持費がかかりませんし、お寺や霊園がお彼岸やお盆に合同供養を行ってくれます。しかしこれらは、他人の遺骨と一緒になる場合もあり、心理的に抵抗がある方もいます。さらに費用を抑えたい場合は、自分の手元に遺骨を置く**手元供養**や、遺骨を粉末状にして海や山などに**散骨**するという方法もあります。

離れて暮らす親の亡くなる前から後の流れ

❶エンディングノートを作成する
- 親の判断能力があるうちに書く
- 親と一緒に何度も更新する

❷人生会議を行う
- 医療・介護職と親の意思を共有
- 繰り返し話し合う

認知症の親の判断能力が低下する前に①②を行っておく。**認知症でない人に比べ、看取りよりもだいぶ前に実施**

- 葬儀社を決める
- 誰が葬儀費用を負担するか

看取り

❸葬儀を行う
- 火葬、葬儀の日程

❹死亡後の手続きを行う
- 期限があるものから手続き
- 支払いが継続するものは止める
- まとめて手続きを完了させる

❺親の不動産について検討する
- 売却、賃貸、住む、保留
- 方針が決まるまでの費用負担
- 空き家管理サービスの利用

❻親の遺品を整理する（親家片）
- 遺品整理業者の選定
- 遺品整理の日程
- 遺品業者の費用

❼お墓参りについて考える
- お墓の引っ越し
- 墓参り代行サービスの利用
- 墓じまい

ポイント

介護や葬儀が終わったあとも、お墓参りで実家に通い続けるかどうか考えなければいけません。

Column

愛する人を失った悲しみとどう向き合うか

長かった認知症介護から解放された安堵感以上に、愛する親を失った悲しみや無力さなどを感じ、長期にわたって、親の喪失から抜け出せない方がいます。そういった方はぜひ、**グリーフ（悲嘆）ケア**を受けてみましょう。グリーフケアとは、親など愛する人を失い、精神的にも肉体的にも不安定になったとき、そっと寄り添い援助することを言います。

グリーフカフェは、愛する人を亡くした経験者や、親を失った喪失感から抜け出せないでいる方が同じ場所に集い、現在抱えている悩みや苦しみを吐き出して共有し、気持ちを癒やすための場所です。

公的な資格ではありませんが、グリーフケア・アドバイザーやグリーフ・カウンセラーの資格を取得した専門家もいます。有資格者が運営するカフェや、個別カウンセリングもあるので、利用してみてもいいかもしれません。

親を失った直後は、寂しさ、孤独感、罪悪感、無力感などが代わる代わる襲ってきます。眠れない、食べられない、疲れが取れない、自然と涙があふれてしまうなどの身体的な症状が出ることもあります。身体的、精神的な苦痛が同時に、あるいは交互にやってきて、いつもの自分とかけ離れていきます。

認知症介護は、グリーフケアが2度必要です。最初は親の認知症が進行し、記憶や能力が失われていく瞬間に立ち会ったとき、次は親の死と向き合ったときです。親が認知症になったと分かったとき、どのように向き合い、そこからどのように立ち直ったか、もう一度思い出してみましょう。

悲しみの底から、自分自身を立ち直らせようとムリに鼓舞するのではなく、今ある状況を受け入れて、ゆっくりと前に進むことが大切です。

必要なときに確認したい 便利な資料

・離れて暮らす親の認知症介護に便利な情報一覧
・認知症介護者が知りたい情報3ステップ
・離れて暮らす親の認知症介護　10の心得

● 離れて暮らす親の認知症介護に便利な情報一覧

MCI検査	①MCBI（MCIスクリーニング検査） **http://mcbi.jp** ②あたまの健康チェック（電話テスト） **https://www.millennia-corporation.jp/ninchi/mci/index.html**
認知症の病院探し	①日本認知症学会『全国の認知症専門医リスト』 **http://dementia.umin.jp/g1.html** ②日本老年精神医学会『高齢者のこころの病と認知症に関する専門医制度』 **http://184.73.219.23/rounen/a_sennmonni/r-A.htm** ③認知症の人と家族の会『全国ものわすれ外来一覧』 **http://www.alzheimer.or.jp/?page_id=2825**
在宅医療	①全国在宅療養支援医協会 **http://zaitakuiryo.or.jp/list/** ②訪問薬剤師 都道府県の薬剤師会
認知症の症状	①みんなのメンタルヘルス（厚生労働省） **https://www.mhlw.go.jp/kokoro/know/disease_recog.html** ②NHK健康ch **https://www.nhk.or.jp/kenko/disease-383/**
認知症介護の対処法	認知症ちえのわnet（認知症の症状に対する対応法の「うまくいく」確率を公開） **https://chienowa-net.com/**
認知症に関する悩み電話相談	①認知症110番（無料） 0120-654874　（祝日と年末年始を除く月·木曜10時～15時） ②認知症の人と家族の会電話相談（無料） 0120-294-456（携帯050-5358-6578） （土·日·祝日を除く毎日、10:00～15:00） ③認知症コールセンター（各都道府県）
認知症カフェ検索	なかまぁる **https://nakamaaru.asahi.com/cafe/**
認知症の金銭管理	①日常生活自立支援事業（全国社会福祉協議会） **https://www.shakyo.or.jp/network/kenshakyo/index.html** ②成年後見制度（法務省） **http://www.moj.go.jp/MINJI/minji17.html**
認知症当事者の声	①日本認知症本人ワーキンググループ **http://www.jdwg.org/** ②ディペックス·ジャパン（認知症本人と家族介護者の語り） **https://www.dipex-j.org/dementia/**

認知症 YouTube	認知症なんでもTV **https://www.youtube.com/channel/UC9A8AeDH5NBaFDKwdJGNDZA**
介護事業所・ 地域包括支援 センターの検索	介護事業所・生活関連情報検索（厚生労働省） **http://www.kaigokensaku.mhlw.go.jp/**
遠距離介護	①NPO法人パオッコ **http://paokko.org/** ②遠距離介護のケアミーツ（高齢者が横浜近郊で暮らしている場合、介護保険外サービスを提供） **https://care-meets.com/** ③40歳からの遠距離介護 **https://40kaigo.net/**
見守りサービス	みまもり訪問サービス（郵便局） **https://www.post.japanpost.jp/life/mimamori/index.html**
介護保険外の 自費サービス	ダスキン ライフケア（認知症ケア） **https://lifecare.duskin.jp/ninchi/**
介護と仕事の両立	①介護離職ゼロ ポータルサイト（厚生労働省） **https://www.mhlw.go.jp/stf/seisakunitsuite/bunya/0000112622.html** ②ケアラーズコンシェル **https://carers-concier.net/**
消費者被害対策	国民生活センター　消費者ホットライン 188（局番なし）
防災	①みんなで防災のページ（内閣府） **http://www.bousai.go.jp/kyoiku/minna/index.html** ②防災情報提供センター（国土交通省） **http://www.mlit.go.jp/saigai/bosaijoho/** ③J-anpi（安否まとめサイト） **https://anpi.jp/top**
熱中症	熱中症予防情報サイト（環境省） **https://www.wbgt.env.go.jp/**
家電等の経年劣化	長期使用製品安全点検・表示制度（経済産業省） **https://www.meti.go.jp/product_safety/consumer/system/01.html**
郵便転送サービス	e転居（郵便局） **https://welcometown.post.japanpost.jp/etn/**
人生会議	ゼロからはじめる人生会議（神戸大学×厚生労働省） **https://www.med.kobe-u.ac.jp/jinsei/index.html**

認知症介護者が知りたい情報3ステップ

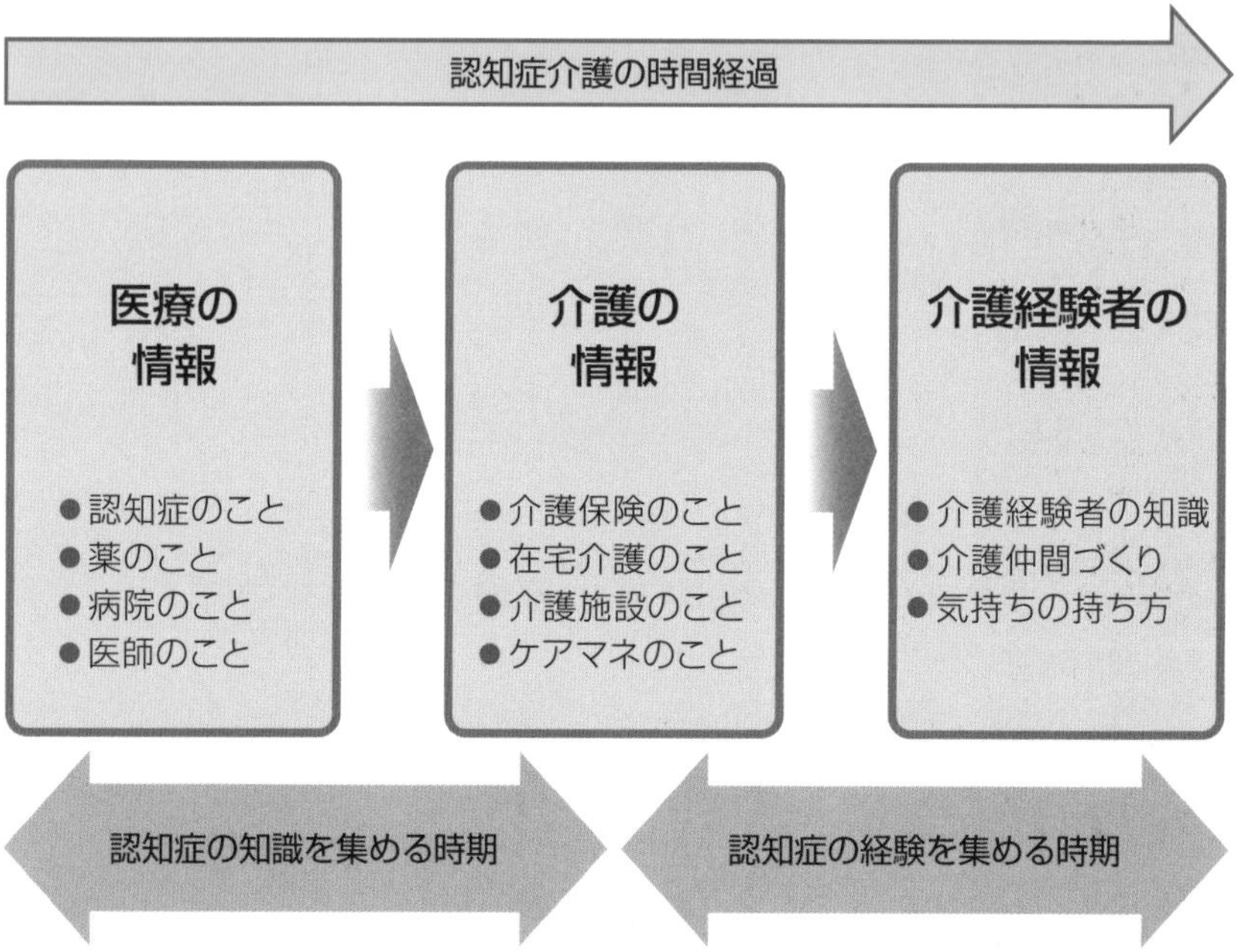

1. 認知症介護が始まってすぐは、医療中心に情報を集めます
2. 次第に介護の情報を集め、介護のプロの力を借り、態勢を整えます
3. 医療や介護の知識をどれだけ集めても、認知症は進行し、根治はしないことに気づきます
4. 認知症の親と実際向き合っている、介護経験者の情報が必要になります

離れて暮らす親の認知症介護　10の心得

1. 親の介護に割ける時間・できることは、限られていると割り切りましょう

2. 自分や家族にしかできないことに集中し、任せられる介護は任せましょう

3. 離れていても、医療・介護職とのコミュニケーションを充実させ、信頼関係を築きましょう

4. 親と離れて暮らすことは、親の自立の機会を作っていると考えましょう

5. 親の判断能力が残っているうちに、話せることは何でも話しておきましょう

6. 介護の態勢作りは人、制度、サービス、ツールを組み合わせ、フル活用しましょう

7. 体を動かす介護だけでなく、離れていても頭脳で助ける介護もあります

8. 親が暮らす地域の認知症ケアパスを入手し、認知症カフェを活用しましょう

9. 何よりも自分の身体や健康を大切にしましょう

10. 離れた親を思う気持ちがあるだけで、十分役割は果たしています

おわりに　認知症の親に長く元気でいてもらうために

わたしは、本書のような認知症介護が実現できれば、親も子も長く幸せに暮らせるようになると思っています。

認知症の親は、正しい医療を受け、介護のプロの力やサービス、ツールをきちんと活用できれば、自立した生活をなんとか送ることができます。また、親と離れて暮らしていると、親が自ら考え、行動する時間が自然と増えるので、認知機能や筋力の低下防止にもつながります。口うるさい家族の悪影響を受けず、のびのびとマイペースな生活を送れます。結果として、親が元気でいられる期間が延び、子の介護負担も軽減されると思います。

介護する子どもにも、メリットがあります。親と離れて暮らしている以上、どうしても誰かの力を借りなければ介護は成り立ちません。家族と同居で介護している方の中には、誰の助けも借りず疲弊し、社会から孤立している介護者もいます。しかし、親と離れていれば、そのリスクを回避できます。また、子どもは自分の生活や環境を維持しながら、親の介護をすることができるので、自分の人生の多くを犠牲にする介護にはなりません。

同居で介護している方も、可能であれば本書を活用して、親と一定の距離を取る介護をやってみてください。認知症の症状等でなかなか目が離せない状況であったとしても、誰かの力を借りることで、少しだけ距離が生まれます。その結果、肩の力がスッと抜け、張り詰めた気持ちが緩むかもしれません。

自然災害や感染症等で外出が難しくなり、親子の距離が保てなくなると、関係がぎくしゃくすることがありますが、介護においても同じことです。程よい距離を保つことは、とても大切です。

本書で紹介した内容は、全国にいるたくさんの介護者と実際にお会いして伺った認知症介護の悩みと、わたし自身が不安で悩み、解決したものが基になっています。それぞれの項目に介護エピソードが隠れていますが、文字数の関係で本書では書ききれませんでした。講演で全国各地を回っているので、いつかご紹介できればと思います。

祖母の命日である11月4日に、母と一緒にエンディングノートを毎年更新していて、すでに7回書き直しました。母の認知症は進行していますが、まだ意思は確認できます。いつまで続けられるか分かりませんが、母の思いは何度も聞いているので、命の決断を迫られたときには、家族の偏った判断にはならないと思います。最期に悔いを残さないために、これからもノートは更新し続けます。

母のエンディングノートには、こう書いてあります。最期まで家で暮らしたいけど、子どもたちが介護で限界を迎えそうになったら、介護施設に入ってもいい、がんなどの病気が分かっても告知はしないで欲しい、延命措置は必要ない、葬儀は家族だけで質素にやって欲しい、棺には母が若い頃に好きだった舟木一夫のCDを入れて欲しい、と。祖母で経験した命の判断を代理でするつらさや厳しさを分かっているからこそ、聞きづらいことでも母と普通に話ができます。

現在介護中の皆さまも、これから介護が始まるかもしれない皆さまも、本書を活用して親の介護と自分の生活を両立させてください。わたしも皆さんと一緒に、認知症介護を続けていきます。

今日もしれっと、しれっと。

工藤広伸

●著者紹介
工藤 広伸（介護作家・ブロガー）

1972年岩手県盛岡市生まれ。34歳のとき、都内企業在籍中に岩手にいた父が脳梗塞で倒れ介護離職。2012年、40歳のときに認知症の祖母と母のダブル遠距離介護が始まり、2度目の介護離職を経験する。現在は全国の企業や自治体などでの講演、執筆活動を中心に、認知症で難病を抱える母（要介護2）の遠距離在宅介護を年間約20往復ペースで行っている。独自の認知症介護の工夫やノウハウは、NHK「おはよう日本」「あさイチ」「おばんですいわて」など、多数メディアで紹介される。

主な著書に『ムリなくできる親の介護』（日本実業出版社）、『医者には書けない！ 認知症介護を後悔しないための54の心得』（廣済堂出版）などがある。

認知症ライフパートナー2級、認知症介助士。

ブログ「40歳からの遠距離介護」 https://40kaigo.net/

装丁　小口翔平＋加瀬梓（tobufune）
本文デザイン・DTP　株式会社 シンクス

親が認知症!?

離れて暮らす親の介護・見守り・お金のこと

2020年 7 月29日　初版第1刷発行
2023年 3 月10日　初版第5刷発行

著者　工藤 広伸（くどう・ひろのぶ）
発行人　佐々木 幹夫
発行所　株式会社 翔泳社（https://www.shoeisha.co.jp）
印刷・製本　日経印刷 株式会社

本書へのお問い合わせについては、10ページに記載の内容をお読みください。

造本には細心の注意を払っておりますが、万一、乱丁（ページの順序違い）や落丁（ページの抜け）がございましたら、お取り替えいたします。03-5362-3705までご連絡ください。


ISBN978-4-7981-6329-1　Printed in Japan